JN418876

꿈과 함께 숨 쉬며 꿈을 향해 달리며
마침내 그 꿈을 이룬 천양원 이야기

이연형 지음

예찬사

꿈을 노래해봐

펴 낸 날 1판 1쇄 2012. 4. 30

지 은 이 이연형
펴 낸 이 이환호
펴 낸 곳 도서출판 예찬사
등 록 1979. 1. 16 제302-2004-000056호
주 소 서울시 용산구 한강로2가 108-1 정우빌딩 205호
전 화 798-0147(편집) 798-0148~9(영업)
팩시밀리 798-0145
홈페이지 yechansa.com
전자우편 yechansa@yechansa.com
yechansa7@yahoo.co.kr

I S B N 978-89-7439-384-7

*머리말

나는 44년 동안 수많은 시설 아이들을 길러 왔습니다. 그러나 60년 전에는 나도 열한 살의 시설 아동, 고아 소년이었습니다. 위대한 인물들이 일구어 낸 꿈의 성취에 비견하면 별스러운 것은 못되지만 나는 대학졸업, 육군장교, 교회장로, 사회복지시설의 대표자, 수필가가 되고자 했던 꿈을 이루었습니다. 이것을 이루기 위해 나도 부단한 기도와 끊임없는 노력을 경주했습니다. 지금은 5년 전에 세운 성악가의 꿈을 이루기 위해 계속 노력하고 있습니다.

나는 내가 양육하는 우리 아이들이 모두 성공하기를 간절히 소망합니다. 아울러 나의 글을 읽는 모든 아동들과 청소년들이 자기 자신이 이룩하고 싶은 꿈을 세워, 그 꿈을 이루기 위해 매일 같이 노력해 보라고 간절히 부탁하고 싶은 마음입니다. 그러한 마음으로 이 책을 썼습니다. 아무리 작은 꿈이라도 소중하며 아름다운 꿈이 될 수 있습니다. 작건 크건 자기가 소원하는 바를 구체적으로 계획하면 그것이 바로 꿈인 것입니다.

나는 우리 아이들을 위하여 시설 뒷동산에 〈꿈꾸는 놀이동산〉이라는 테마 파크를 만들었습니다. 적은 비용으로 만들었기 때문에 어설프고 보잘것없어 보이지만 이곳에서 마음껏 뛰어 놀며 행복을 느껴보고 꿈을 꾸어보라는 것이었습니다.

꿈에는 두 가지가 있습니다. 위에서 언급한 것처럼 자기 자신이 이루고 싶은 구체적인 내용을 의식적으로 설정하는 꿈과, 또 하나는 잠이 들었거나 비몽사몽간에 꾸는 꿈이 있습니다. 그것들이 가치 있는 내용이라면 그것을 이루기 위해 치열한 노력을 해야 한다는 것이 중요합니다. 이루어지건, 이루어지지 않건 그것은 중요한 것이 아닙니다. 꿈을 꾸고 그 꿈을 이루기 위해 행동으로 실천하는 것이 중요한 것입니다.

수면 중에 꾸는 꿈에 대하여 존 A. 샌포드는 "꿈이란 하나님이 우리에게 주시는 언어이자 하나님의 음성으로서 올바르게 이해되어야 한다."라고 말했습니다. 그러므로 의식적으로 설정한 꿈이나 비전도 그것이 성취되는 과정에 하나님은 꿈속에서 그 해답을 알려주기도 한다는 사실을 반드시 알아야 합니다.

요셉이 꾼 꿈은 하나님이 그에게 말한 예언이었으며 그는 그 꿈의 의미를 올바르게 이해했기 때문에 그것이 이루어질 때 까지 오래 참고 기다렸던 것입니다.

이 책의 마지막 제 6장 '꿈을 만난 사람' 에서는 천양원을 설립한 고 유을희 전도사님, 나를 길러주신 그리운 어머니의 이야기를 썼습니다. 전도사님이 원하는 바를 위하여 금식하며 기도했을 때 하나님은 꿈으로, 어떤 때는 환상으로 보여주어 그 소원하는 바를 이루어 나가게 하셨습니다.

유 전도사님이 설립한 하늘동산 천양원은 올해로 개원 60주년을 맞게 되었습니다. 이곳에서 성장한 내가 그분의 후계자가 되어 원장으로서 60주년을 맞이하게 되었다는 것은 특별한 의미가 있다고 생각합니다. 그래서 이 책의 출판도 개원 60주년에 맞추었습니다. 나는 그 분으로부터 받은 사랑을 우리 시설 아이들에게 풀어내 놓는 일을 해 왔습니다. 그리고 그들이 꿈을 노래하게 하여 '젖과 꿀이 흐르는' 가나안 땅, 축복의 대로를 만들어 가도록 계속 노력할 것입니다.

지난 번 나의 책 『받은 사랑 풀어내 놓아라』를 읽어 주신 많은 분들이 하늘동산 아이들을 사랑하는 마음으로 많은 도움을 주었습니다. 그 도움들은 좌절에 빠져 있던 아이들을 다시 일으켜 세우는데 정말 긴요하게 사용하였습니다. 나의 소박한 이 책도 판매 대금을 그렇게 사용할 것입니다.

끝으로 사랑하는 나의 아내가 1월 초 뇌출혈로 쓰러져 위험한 뇌수술을 받았으나 하나님께서 온전하게 치유해 주셨기에 이 글을 완성할 수 있었음을 감사드리며, 아울러 이 책의 출판을 위해 수고해 주신 모든 분들께 감사드립니다.

2012년 봄, 하늘동산에서

이연형

*목차

제3장 과부의 두 렙돈

제4장 고래사냥

제5장 돕는 길 열어야지

제6장 꿈을 만난 사람

_ 제1장

꿈꾸는 놀이동산

새로운 소망, 꿈돌이동산

천양원의 별칭은 '하늘동산' 이다. 우리의 눈으로는 볼 수 없지만 믿음으로 볼 수 있는 하늘나라의 동산이라는 의미로 천양원의 이사장이셨던 고 오영필 목사님이 지어준 이름이다. 나는 2007년 말, 제76호 하늘동산 회지에서 "새로운 소망, 꿈돌이동산 만들기"라는 제목으로 우리 아이들이 미래의 꿈을 키울 수 있는 동산을 만들기 시작한다고 선언했다.

30년 전 자체 수입 증대를 위해 약 1,500평에 심었던 배나무들이 고목이 되었기 때문에 그 나무들을 뽑은 자리에 풋살 구장, 잔디밭 산책로를 만들고 각종 과일 나무들을 새로 심어 멋진 수목원을 만들고자 하는 것이었다. 아이들에게 꿈에서나 볼 수 있는 에덴동산 같은 공원을 만들어 주고 싶은 마음이었다.

구약성경 창세기 2장에는 하나님은 천지를 창조하신 후 동방의 에덴에 동산을 창설하고 그곳에 각종 나무를 나게 하여 인류의 조상, 아담과 하와가 즐겁게 살 수 있도록 하였다고 기록하고 있다.

그렇다. 이 동산도 그처럼 보호받고 양육 받아야 할 많은 아이들의 에덴동산이 되도록 만들고 싶은 것이다.

80여 년 전 심겨졌다는 측백나무 울타리도 고목으로 고사 상태라서 보기 좋지 않아 뽑아내고 새로 만들어야했다. 지대가 낮은 곳은 좀 높이고, 진흙 토양에는 마사토를 깔아야 했는데 25톤 대형 덤프트럭으로 자그마치 200여 차를 들어부어, 언덕을 만들고 구릉을 만들어 나갔다.

더욱이 풋살구장에는 공을 높이 찼을 때 구장 밖으로 나가지 않도록 높다랗게 철망을 쳐야하는데 시설비가 만만치 않았다. 주말마다 축구교실을 열어 아이들에게 축구를 가르쳐온 후원자 김재홍 씨는 어디선가 큰 타이어를 빌려오고, 또 그의 장인의 스포티지 자동차까지 빌려와 타이어를 차 뒤에 매달아 끌고 다니면서 운동장 다지기를 해 주었고, 고맙게도 풋살구장 만들기 사업을 위해 250만원도 기부해 주었다.

풋살구장 바닥의 평탄작업이 거의 마무리 되었을 무렵의 일이었다. 구장 평탄 작업만큼은 우리 중고등학생들이 직접 돌을 골라내고 이리 뛰고 저리 뛰면서 다지기 작업을 함께 했다. 이 미니 축구장을 아이들이 무척 좋아 하는 것 같았다. 우리들의 꿈이 하나하나 조금씩 실제로 실현되어 가고 있었다.

거의 2주 동안 꿈돌이동산 만들기가 계속 되었지만, 완성은 한참 멀어보였다. 하루에 40만원이나 하는 포클레인도 20여 일 동안 사용했으니 그 비용도 상당했다. 그렇지만 하나님의 계획하심으로 비용절감을 하게 되었는데, 사연은 이와 같다.

내가 1968년도 군대에서 제대한 후 이곳에 돌아와 그 다음해부터 심었던 묘목들이 큰 정원수가 되어 앞마당과 정원에 가득했다. 이 나무들을 솎아내 꿈돌이동산에 옮겨 심으면 정원수 구입비가 절감되는 셈이었다. 돌이켜 생각해보니 이런 때를 위해 하나님께서 미리 준비시킨 것 같아 마음에 기쁨이 가득 차올랐다.

이것이 '여호와 이레' 라고 하는 것이다. 하나님이 아브라함에게 100세에 주셨던 아들을 모리아 산에 가서 제물로 바치라고 명하였지만 그는 전능하신 하나님을 믿었다. 아브라함이 칼을 들어 아들을 잡으려할 때, 하나님은 이를 중지 시키고 미리 준비하셨던 양을 잡아 이삭을 대신하여 제물로 바치게 하셨다.

아브라함은 가슴을 쓸어내렸을 것이다. 그는 이 사건에 담겨있는 하나님의 크나큰 사랑을 깨닫고 너무도 감격하여 여호와이레("The-Lord-Will-Provide")라고 하였다.

나는 꿈돌이 동산에 수령이 40년이 된 오엽송, 관목으로 키운 주목, 회양목, 옥향나무, 영산홍과 철쭉꽃 나무, 그리고 넓은 그늘을 만들어 줄만한 느티나무, 벚나무, 단풍나무, 목련나무 등 60여 주를 여기 저기 심었고, 매실나무, 살구나무, 앵두나무, 복숭아나무들을 심었지만 여전히 빈 공간이 너무 많았다. 연못도 만들고 싶고, 인공 폭포와 물이 흐르는 도랑도 만들고 싶었다. 절개지에는 잔디도 심고 정원석도 쌓고, 꽃이 피는 나무들을 심어 아름다운 공간으로 변화시키고 싶은 마음이 가득했다.

얼마 후 주일이었다. 교회에서 오후 예배까지 드리고 난 후, 한 가족 교회 행사에 참석했다가 저녁 6시 반경에 집에 돌아왔다. 포클레인으로 구덩이를 파고 이식한 큰 복숭아나무가 걱정이 되었다. 중장비의 작업 시간이 부족해 구덩이에 큰 복숭아나무 다섯 주를 옮겨 놓고는 대충 흙을 덮은 관계로 뿌리와 흙 사이에 빈 공간이 많아, 물을 겉으로 차오르도록 관수를 해야 하는데 이 작업이 생략된 채로 있었다. 며칠간 이 일을 해야겠다고 걱정은 해왔으나 틈이 나지 않아 못하고 있었던 일이었다.

작업복으로 갈아입고 혼자 동산으로 올라가 물주기 작업을 시작했다. 그곳은 양수기가 있는 곳에서 150미터나 되는 먼 지점이어서 압력도 낮고 또 몇 개의 호스를 연결하다보니 올라오던 물이 중간에 절반은 새고 있었다. 물이 새는 곳에는 큰 그릇을 받혀놓고 고이는 물을 받아 양동이로 퍼 날랐고, 물 나오는 호스 끝 부분은 복숭아나무 뿌리 밑에 집어넣어 물주는 작업을 했다. 세 시간여 개미가 먹이를 나르듯이 물을 날랐더니 몸에 땀이 흠뻑 젖었고, 허리가 뻐근하게 아팠다.

'이게 뭐 하는 짓이야. 내가 지금 달밤에 체조하고 있는 건가?' 자문자답하면서 고개를 들고 하늘을 바라보니 하늘 높이 둥근 달이 환하게 떠 있었다. '그렇지, 나는 엉뚱한 일을 하고 있는 것도 아니고 미친 짓을 하고 있는 것도 아니지 않은가!' 달은 나를 보고 빙그레 웃으며 말하고 있었다. '그렇지요. 원장님은 멋진 일을 하고 있는 거예요. 이 동산이 만들어지면 아이들이 얼마나 멋진 낭만과 미래를 꿈꾸며 자라겠어요. 꿈을 먹은 아이들은 요셉처럼 담장 넘어 뻗어 가는 가지가 될 거예요.'

달은 계속 나를 보고 빙그레 웃고 있네.
내 앞엔 벌써 복숭아가 주렁주렁 열려 있네.
난 피곤치도 않고 즐겁기만 하네.
아! 우리 아이들이 행복할 터이니까.

나는 이렇게 노래하며 복숭아나무에 물을 넘치도록 부어주었다. 그리고 콧노래를 부르며 동산을 내려왔다.

여호와 하나님이 동방의 에덴에 동산을 창설하시고 그 지으신 사람을 거기 두시고 여호와 하나님이 그 땅에서 보기에 아름답고 먹기에 좋은 나무가 나게 하시니 동산 가운데에는 생명나무와 선악을 알게 하는 나무도 있더라(창세기 2:8-9).

요셉은 열매가 주렁주렁한 가지, 샘가에 늘어진, 열매가 주렁주렁한 가지, 담장 넘어 뻗어 가는 가지라(공동번역 창세기 49:22).

작은 폭포와 졸졸 흐르는 개울

아직 정확한 명칭은 정하지 못했지만 가칭 '꿈돌이동산' 만들기 작업이 계속 되고 있었다. 언덕과 길을 조성하고, 미리 길러 놓았던 커다란 정원수들을 옮겨 심고, 또 몇 가지 과일 나무와 묘목을 심는 일을 진행했다. 사십 년 된 오엽송과 옥향목 그리고 주목과 철쭉을 심어 놓은 언덕 밑에 연못을 만들고, 남쪽으로 약 30미터 거리에 떨어진 곳에 있는 또 다른 언덕에 인공 폭포를 만들어, 그 물이 도랑을 타고 오십 여 미터 흘러 내려가 화평의 집 뒤편에 또 다른 연못으로 내려오도록 만들었다.

이 공사는 십 여일 만에 완성 되었다. 1마력 펌프를 작은 연못에 가설하여 언덕 위로 물을 올려 보았다. 호스를 통해 올라간 물은 언덕 위, 작은 웅덩이에서 쏟아지기 시작했다. 3단으로 떨어지는 물줄기는 바로 폭포가 아닌가! 와! 정말 기분 만점이었다. 작은 폭포에서 떨어지는 물은 계곡을 따라 아래로 아래로 흘러 내려가면서 졸졸졸 물소리를 냈다. 정말 하늘동산은 이 폭포와 계곡으로 말미암아 아름다움을 더하게 되었다.

나는 언덕 아래로 달려가 허겁지겁 사무실로 들어가서 마이크를 잡았다.

“애들아! 뒷동산으로 빨리 올라와 봐라. 폭포가 생겼다! 선생님들도 아이들 데리고 어서 올라와 봐요!”

아이들과 직원들이 모두 헐레벌떡 동산으로 달려가 소리를 질렀다. 멋지다고 하면서 환호를 하고, 물길을 따라 오르내리며 야단법석을 쳤다. 아이들이 엄청나게 좋아했다. 벌써 아이들이 개울에서 미꾸라지와 피라미를 몇 마리나 잡아다 도랑에 넣었다.

이 동산을 만들면서 기침 감기로 고생했던 일도 즐겁기만 했다. 우리 아이들이 좋아하는 것을 만들었기 때문에 내가 아픈 것은 아무것도 아닌 것 같았다. 우리 하늘동산은 정말 살기 좋은 곳이 되어갔다.

사랑하는 사람을 위한다면 아까울 것이 아무것도 없는 법이다. 그런데 비용이 너무 많이 들어가고 있어서 2007년도엔 이 정도로 공사를 중단하기로 했다. 모든 지면에 잔디를 심고, 빈 공간엔 정원수와 꽃나무를 더 심어야 하는데 더 이상 여력이 없었다. 공사비가 더 마련되기까지 잠시 공사를 미루기로 했다. 하지만 아이들은 이 정도에도 만족하고 즐거워하였다. 나는 이 일을 시작하게 하신 하나님께서 끝맺음도 잘하게 해 주실 줄 믿고 있다.

나는 알파와 오메가요 처음과 나중이요 시작과 끝이라(요한계시록

22:13).

일을 행하는 여호와 그것을 지어 성취하는 여호와, 그 이름을 여호와라 하는 자가 이같이 이르노라. 너는 내게 부르짖으라. 내가 네게 응답하겠고 네가 알지 못하는 크고 비밀한 일을 네게 보이리라 (예레미야 33:2-3).

꿈꾸는 놀이동산

공사비가 고갈되어 그 모습은 미완성이었지만, 명칭만은 빨리 만들어야겠다고 생각했다. 생각 끝에 동산 이름은 〈꿈꾸는 놀이동산〉이라고 명명하고 싶은 마음이 들었다.

큰 연못의 이름은 〈새롬 연못〉이라고 하면 어떨까? 하늘 동산의 설립자이신 유을희 전도사님의 존함의 첫 자인 을(乙)자가 새것이라고 하는 의미가 있기 때문에 〈새롬〉이라는 단어가 떠올랐다. 그리고 작은 폭포와 졸졸 흐르는 개울의 이름은 〈기쁨이 흐르는 작은 폭포〉라고 명명했으면 좋겠다는 생각이 들었다. 이 이름은 설립자의 존함 끝 자인 기쁠 희(喜)자의 의미를 가미한 것이다.

그리고 개울물이 흘러 내려가 도달하게 되는 곳인 작은 연못은 〈샘이 깊은 연못〉이라고 이름지었다. 50미터 깊이에서 끌어 올리는 지하수이기 때문이다.

이 동산에 올라와 뛰어 놀거나, 사색하거나, 기도하거나, 운동경기를 하든지, 음악회를 하든지, 자연과 더불어 활동하는 중에 미래에 대한 아름다운 꿈이 영그는 동산이 되기를 간절히 소망한다. 아이들이 이곳에서 슬픈 마음, 괴롭고 복잡한 마음, 미운 마음, 다투던 마음들을 훌훌 털어 버리고, 그 자리에 행복함과 즐거움을 충만하게 채우기를 소망한다.

무엇보다도 내가 바라기는 우리 아이들이 남 몰래 조용히 이 동산에 올라와 하나님을 만나는 동산이 되어, 신앙의 눈을 떠 야베스와 같이 존귀한 인물들이 되기를 기도한다.

나는 앞으로 이 꿈꾸는 놀이동산을 더욱 아름다운 동산으로 만들어 갈 것이다. 나는 우리 홈페이지에 도움을 요청하는 글을 올리기도 했다. 하나님께서 나의 기도를 꼭 응답해 주시리라 믿는다.

야베스는 그 형제보다 존귀한 자라 그 어미가 이름하여 야베스라 하였으니 이는 내가 수고로이 낳았다 함이었더라. 야베스가 이스라엘 하나님께 아뢰어 가로되 원컨대 주께서 내게 복에 복을 더하사 나의 지경을 넓히시고 주의 손으로 나를 도우사 나로 환난을 벗어나 근심이 없게 하옵소서 하였더니 하나님이 그 구하는 것을 허락하셨더라(역대상 4:9-10).

배수로와 중노동

하루는 대만 쪽에서 북상하는 태풍 '갈매기'의 영향으로 많은 비가 내릴 것이라는 예보가 있어, 이 예보가 빗나갔으면 좋겠다고 하면서 잠이 들었는데 아침에 일어나 보니 장대비가 쏟아지고 있었다.

불현듯 〈꿈꾸는 놀이동산〉을 만들면서 완성하지 못한 배수로 걱정이 일었다. 나는 헌 작업복으로 갈아입고 장화를 신었다. 며칠 전 입었던 비옷을 찾아보니, 여기 저기 찢어져 사용할 수 없었다. 어떻게 할 수 없어, 비를 맞으면서 일해야겠다고 결심했다. 삽을 들고 〈샘이 깊은 연못〉 쪽으로 단숨에 달려갔다. 연못은 붉은 황토 물이 넘칠 것 같이 차 올라와 있었다. 혼자 힘으로 도저히 할 수 없을 것으로 판단하여 온유의 집으로 달려갔다. 재설이를 비롯하여 잠들어 있는 대학생 3명을 깨웠다.

"애들아! 급하다 급해. 얼른 일어나라. 나 좀 도와 다오. 작업 준비하고 동산으로 빨리 올라오너라."

다시 동산으로 올라가 작은 연못 바로 아래에 설치한 큰 맨홀로 들어가 보았더니 자갈과 흙과 모래 더미가 내려가는 배수로를 가로 막고 있었다. 한참을 퍼내자 온 몸은 비와 땀으로 범벅이 되었고, 장화 속으로는 물이 가득 찼다. 잠시 후 재설, 효진, 홍길 군이 큰 원군이 되어 합세하여 주었다.

이 맨홀로부터 위로 60여 미터 길이의 배수로는 포클레인으로 파 놓기만 하고는 자금이 없어 배수관을 설치하지 않았기 때문에 경사진 물줄기를 따라 쏜살 같이 물이 흘러 내려오게 되었던 것이다. 주먹덩이만한 돌멩이는 모래흙과 함께 밑으로 쓸려내려 와 매설된 배수관을 막아 버렸다.

비가 잠시 멈추었다. 급히 ㄷ 자형 배수로 관을 외상으로 주문하여 배수로를 깔기 시작했다. 또 비가 억수 같이 쏟아 부었다. 그래도 이를 이겨내면서 작업을 계속 했다. 내가 비를 맞으면서 악전고투한다는 소식을 전해 듣고 예담식물원 사장님이 자기 동생을 보내 나를 돕도록 하였으며, 유호수 선생님이 합세해 주었다. 또 11시경에는 방학하고 돌아온 고교생 몇 명이 지원군이 되었다. 우리는 임시방편으로 배수로 양 옆에는 흙이 흘러 내려오지 않도록 비닐로 흙 위를 덮어 주어 사태를 방지하는 작업을 했다.

이렇게 마무리 하고 내려오니 오후 2시경이 되었다. 물에 빠진 생쥐처럼 흠뻑 젖은 상태로 식당에서 늦은 점심을 먹었다. 그런데 아뿔싸! 어느 아이가 식당으로 달려와 화평의 집 앞이 흙탕물로 엉망진창이 되고 있다고 소리치는 것이 아닌가.

식사를 중단하고 화평의 집 앞으로 달려 가보니 수도 옆 맨홀에서 물이 솟구쳐 마당으로 넘치고 있었다. 위에서 쓸려 내려온 토사가 이 맨홀을 다 막아 버린 것이다. 이곳까지 문제가 생길 줄은 미처 몰랐었다. 우리는 다시 이 맨홀에서 흙을 파내기 시작했다. 나는 더 이상 작업을 한다는 것이 무리라고 생각해 복현이와 민경이 등 형제들에게 이 작업을 부탁했다.

"얘들아! 난 더 이상 힘이 부족하니 너희들이 수고 좀 해주겠니. 수고한 대가로 용돈을 줄게."

"예, 이젠 원장님은 그만 쉬세요. 병나시겠어요. 저희들이 할게요. 용돈 안 주셔도 돼요. 우리 집 일인걸요. 어서 들어가세요."

"그래, 고맙다."

착한 우리 형제들은 그 어려운 일을 잘 끝내 주었다.

우리는 예산이 부족한 탓에 〈꿈꾸는 놀이동산〉을 만들면서 토목공사를 제대로 할 수 없어, 이런 고생을 자초하게 되었던 것이다. 어쩔 수 없는 일이었다.

장마가 그쳐도 완벽한 배수로 공사는 언제 완성할 수 있게 될지는 계속 미지수로 남았다. 더 큰 문제로 발전하지 않는 것만도 감사할 일이다.

'하나님! 큰 사고를 막게 해 주셔서 감사합니다. 제발 태풍은 비켜가고 비는 적당히 내리게 해 주세요.'

나는 이 날 배수로 일의 중노동으로 인하여 몸살감기를 얻어 2

주 동안 기침을 하면서 많은 고생을 했다. 나를 만나는 사람들은 한 마디씩 놀려대는 말을 했다.

"원장님, 이 여름에 웬 감기세요? 여름 감기는 개도 안 걸린다는데요."

"글쎄 말입니다. 며칠 전 장맛비와 싸우다 내가 지고 말았습니다."

배수로 문제로 고생한 이야기를 설명하니 그들은 이젠 나이가 있으니 무리하지 말라는 충고를 했다. 그러나 나는 우리 아이들이 좋아할 일을 하는 것이 즐거워 내 자신을 막지 못한다고 대답했다. 나는 내가 해야 할 일이 생긴다면, 내일도 삽을 들고 동산으로 올라갈 것이다. 마치 충성된 일꾼처럼 말이다.

> 지극히 작은 것에 충성된 자는 큰 것에도 충성되고 지극히 작은 것에 불의한 자는 큰 것에도 불의하니라(누가복음 16:10).

> 충성된 사자는 그를 보낸 이에게 마치 추수하는 날에 얼음냉수 같아서 능히 그 주인의 마음을 시원케 하느니라(잠언 25:13).

그분의 든든한 손

해가 바뀌어 2008년도가 되었다. 나는 작년에 착수했다가 미완성인 채로 해를 넘겨버린 〈꿈꾸는 놀이동산〉 만들기 사업을 2008년도 역점 사업으로 계획하고 이를 다시 시작했다.

무엇보다도 배수로 공사가 시급했다. 지난 해 배수로 때문에 고생한 일을 생각하면 큰 비가 오기 전 배수로 문제를 해결해야했다. 콘크리트 구조물은 구입비가 비싸서, PVC로 만들어진 ㄷ자형 배수로와 원통형 배수로 자재를 구입하였고, 6곳에 맨홀을 설치하는 공사를 했다. 한 편으로는 포클레인을 이용하여 풋살구장과 배구장 예정지를 평탄케 하도록 하고, 그 아래쪽에는 배드민턴 코트를 만들었다. 그리고 동편의 북쪽에는 각종 나무를 심을 둔덕을 만들고 산책로를 만들었다.

나는 배수로 공사하는 분들을 감독하랴, 포클레인 작업을 감독하랴, 이리 뛰고 저리 뛰어 다니면서 작업의 능률을 높이기 위해 최선을 다했다.

지난 해 7월 21일 장맛비가 억수같이 퍼부어 댈 때, 미처 배수로 공사가 되지 않아 흙물이 밀물처럼 쏟아 내려와 이것을 막기 위해 몇몇 큰 아이들과 고군분투하던 일이 생각나 포클레인 작업을 서둘렀다.

나는 포클레인으로 해야 할 일은 웬만하면 다 끝내 보려고 늦은 시간까지 사장님에게 애원하듯 요청했다.

"이것 좀 더해 주세요.", "저것도 해야겠네요, 사장님!", "바닥에 깔려 있는 돌을 주워 묻으려 하니, 여기에 웅덩이를 파주세요.", "이곳을 눌러주세요."

포클레인 김영현 사장님은 아무런 불평 없이 내 요구를 잘 들어 주었다. 보통 하루 일이 8시간으로 정해져 있지만 김 사장님은 좋은 일에 참여한다면서 10시간씩이나 일을 더 해 주었다.

이제 풋살구장 철망 설치가 큰 과제로 남겨졌다. 이 일을 위하여 필요한 자재 구입과 그물망 설치를 직접 지도 감독해 주기로 약속해주시는 등 유성풋살구장 유성도 사장님이 많은 도움을 주었다.

이곳에서 우리 아이들이 재미있게 축구를 즐기는 모습을 상상해보니 내 마음이 몹시 기뻤다. 내가 하고자 기도하는 일을 응답해 주시는 하나님께 감사드린다. 나는 항상 준비된 물질이 부족해도 우리 아이들을 위해 유익한 일이라면 강행하고 본다. 나의 기도를 들으시고 누구를 통해서든지 도와주시는 그 분의 든든한 손을 믿기 때문이다.

나는 종종 하나님의 속성들을 깊이 묵상해 본다. 구하는 것 응답해 주시고, 신실하시고, 영원하시고, 사랑이 풍성하시며, 전지전능하시며, 불변하시며, 은혜로우시며, 거룩하시며, 오래 참으시고, 공평하시고, 무한하신 하나님을 깨달으며 그 이름을 찬양한다.

지금부터 43년 전, 강원도 철원의 비무장지대 산골짝 능선에서 나를 부르시어 하늘동산 어린 생명들을 맡기신 하나님은 예전이나 지금이나 변함없이 나의 든든한 후원자, 방패와 요새가 되어 주시는 것이다. 그래서 나는 주님의 이름을 높여 드리고 그 분께 늘 감사하는 것이다.

> 너희는 가만히 있어 내가 하나님 됨을 알지어다. 내가 열방과 세계 중에서 높임을 받으리라 하시도다(시편 46:10).

드디어 풋살구장 완성

자금부족으로 공사를 중단해야 했던 2007년 5월 이후, 긴 장마와 함께 여름이 지나갔다. 풋살구장을 비롯하여 동산으로 조성해 놓은 언덕엔 잡초가 무성해졌다. 나는 직접 예취기를 등에 지고 양원석 씨와 함께 풀을 깎았다. 내가 고생하는 것을 알고 전에 하늘동산 선생님으로 근무했던 염혜정 사모님은 부군 되는 박봉수 목사님을 모시고 와서 종종 나를 대신하여 전체의 풀을 다 깎아 주고 가기도 했다. 얼마나 감사한 일이었는지 모른다.

"박 목사님, 너무 감사해요. 목회에도 바쁘실 터인데 이렇게 막일을 하면 제가 죄송합니다."

"장로님, 장로님께서 원아들을 행복하고 즐겁게 해주려고 이런 동산을 만들고 있는데 저도 이 일에 동참하고 싶어서 하는 거예요. 저에게도 기회를 주시는 셈입니다. 이제 장로님은 연세도 많으시니 무리하게 일하지 마세요."

나는 목사님 내외의 말씀에 큰 위로가 되었다. 풋살구장에 그물을 치려면 12미터 전선주 6개와 그물망 구입비도 문제이고, 동산 조성 사업을 완성하려면 추가 비용이 필요했지만 준비가 되지 않아 답답했다.

나는 밤 10시가 되면 이 동산에 올라와 아내와 함께 연못 옆에 있는 바위 위에 앉아서 하나님께 기도했다. 어떤 날은 달 밝은 밤이기도 했고 어느 날은 캄캄한 밤이기도 했다. 비가 올 때는 우산을 펼쳐 들고 서서 기도했다.

"하나님! 〈꿈꾸는 놀이동산〉 언제 다 만들어 주시렵니까? 어서 부족한 공사비를 채워주세요. 주님이 우리 아이들을 사랑하신다는 사실을 아이들에게 증거 해 주고 싶습니다. '무엇이든지 기도하고 구하는 것은 받은 줄로 믿으라, 그리하면 너희에게 그대로 되리라' 고 하신 말씀을 믿습니다."

좋으신 하나님께서는 한 달여 만에 나의 기도에 응답해 주시기 시작했다. 국민은행 콜센터 직원들이 자원봉사를 하러 방문했다가 풋살구장의 그물 설치비가 필요하다는 사실을 알고 200만원을 기부해 주었다. 그리고 또 며칠이 지나자, 미국에서 귀국한 우리 후원회장 임종덕 박사님으로부터 전화가 왔다.

"임 박사님! 안녕하십니까? 언제 오셨습니까?"

"어제 돌아왔습니다. 아이들은 잘 있습니까?"

"예. 모두 건강하게 생활하고 있습니다."

"그런데, 원장님. 놀이동산 조성공사는 잘 되고 있나요?"

나는 공사에 대하여 묻지도 않았는데 그 문제에 관심을 표명하는 것이었다.

"자금이 없어서 한동안 답보상태였습니다. 이 문제로 한 달 남짓 기도했는데 풋살구장 그물 망 구입비 200만원은 해결되었습니다. 하지만 아직 미진한 배수로 공사 등 예산이 조금 더 필요합니다. 10월까지는 일을 끝내고 싶습니다."

"아, 그래요. 원장님, 공사를 진행하세요. 부족한 비용은 내가 해결해 드릴게요. 걱정하지 마십시오."

나는 '할렐루야! 하나님 감사 합니다.' 하며 소리쳤더니 사무실 직원들이 원장님 무슨 일이세요? 하고 의아해 했다. 자초지종을 설명하자 우리 직원들도 무척이나 기뻐했다.

나는 우선 풋살구장을 완성하기로 했다. 이 일은 빨리 진척되었다. 유성풋살구장 유 사장님은 부산에 있는 그물 망 제작 업체에 우리를 소개하여 300만 원의 구입비를 200여 만 원에 구입할 수 있도록 주선해 주었고, 한전의 전문호 과장님은 자신의 자금으로 12미터 길이의 전선주를 큰 장비를 동원하여 6개를 세워 주었다. 안전을 위하여 3미터를 땅속에 묻고 지상으로 9미터높이가 되었다. 육중한 시멘트 전선주를 나무토막 다루듯이 다루면서 딱 전선주 직경만큼의 깊은 구덩이를 파내 세우는 기술이 너무 신기했다. 얼마나 감사한지 형언 할 수 없을 정도였다. 또한 완벽한 운동장 평탄 작업을 위하여 50만원의 사용료를 지불하고 그레이더(Grader)라는 중장비를 동원하여 작업을 했다.

10월 14일과 15일 2일 동안 8미터 높이로 망을 설치하는 작업을 했다. 이 작업에는 유 사장님이 기술자들을 동원하여 이틀 동안 직접 봉사해 주었다. 녹색의 그물망이 사면에 둘러 쳐지자 멀리서 바라볼 때 마치 골프장 같았다. 드디어 멋진 풋살구장이 완성된 것이다.

놀이동산 전체의 배수로 공사도 진행했다. 공짜로 흙을 얻어왔더니 많은 돌들이 섞여 있어 이것을 골라내는 작업이 또 어려움을 주었다. 나는 10월 중에는 이 공사를 마무리 할 수 있도록 해주십사 간절히 기도 하면서 서울에 있는 박재준 사장님에게 도움을 요청하자 500만원을 보내주어 공사를 마무리할 수 있었다. 얼마나 기쁘고 감사했는지 표현할 길이 없었다. 옛날 조지 뮐러의 기도를 응답해 주셨던 하나님께서 내 기도도 들어 주셨던 것이다.

우리는 하나님 은혜가 너무 감사하여 10월 18일 오후 5시 유성교회 유태준 목사님과 성도들을 초청하여 우리 아이들과 함께 풋살구장과 아름다운 동산을 만들어 주신 하나님께 감사하는 기도를 올렸다.

하나님은 이렇게 우리의 기도를 응답해 주셨다. 풋살구장에서 공차기를 하며 무척이나 즐거워하는 아이들의 모습을 보니 나는 너무도 기뻤다.

그러므로 내가 너희에게 말하노니 무엇이든지 기도하고 구하는 것은 받은 줄로 믿으라. 그리하면 너희에게 그대로 되리라(마가복음 11:24).

아! 아름다운 우리동산!

나는 하늘동산의 어린 가족들이 비록 한 핏줄의 가족은 아니지만, 이들이 항상 행복하고 즐거움을 서로 누리는 공동체가 되기를 간절히 원한다. 그동안 개발제한에 묶여 건물의 생활공간은 발전시키지 못한 관계로 거실을 비롯하여 부대시설들의 불편함이 한두 가지가 아니었다. 그러나 넓은 부지를 가지고 있어 이 공간을 잘 활용하면 자연환경을 통하여 우리 아이들에게 행복감을 한아름 안겨 줄 수 있으리라고 생각했다.

나는 전문 조경기술자는 아니지만 아마추어 정원사 수준은 되지 않을까 싶다. 1968년 7월 군에서 제대한 후, 실무를 담당하면서 정원수 묘목을 재배하여 손수 정원을 만들고 다듬어 왔기 때문에 이 분야에 대한 자부심이 있었다.

동산 만들기 작업을 하는 동안 죽은 나무는 뽑아내고, 죽은 가지는 잘라냈다. 흙이 부족한 부분은 복토를 하고, 망가진 배수로는 시설을 다시 했다.

작년 가을, 나의 친구 장관호 사장이 20여 년 간 애지중지 가꾸어 온 단풍나무와 각종 철쭉나무 옥향나무 주목 등 200여 그루의 정원수를 기증해 주어 북쪽 둔덕에 심었는데, 봄이 되자 잎이 돋고 꽃이 피니 동산의 모습이 더욱 멋져 보였다. 그뿐 아니라, 두 트럭 분의 정원석도 보내주어 여기 저기 언덕에 큼직큼직한 바위 돌들을 설치해보니 더욱 멋진 공원으로 변신했다. 장 사장님에게 이 큰 고마움을 그저 말로 감사할 뿐이었다.

그리고 3년생 회양목을 전라북도 완주군 고산면까지 가서 저렴한 가격으로 1000포기를 사다가 넓은 정원의 둘레를 장식하는 나무로 심었고, 영산홍 200주와 50주의 장미도 추가로 심었더니 동산이 더욱 아름다워졌다. 이들은 머지않아 아름다운 색상을 뽐낼 것이다.

작년 울타리공사를 시공했던 허철 사장님이 다섯 개의 외등을 기증하면서, "원장님, 이 외등을 여기 저기 설치해 놓으면 공원으로서의 운치가 더욱 드러날 것입니다."라고 말 한 것처럼, 이 외등을 설치한 결과 한 층 품격이 높아진 정원이 되었다.

나는 우리 아이들과 함께 하나님께 감사했다. 우리가 필요한 것을 놓고 기도하면 해결해 주시기 때문이다. 우리는 풋살구장 옆 공간에 배구대가 필요했다. 나는 우리아이들에게 "여기 이 자리에 배구대가 필요 합니다. 이것도 꼭 주실 줄 믿습니다." 하고 기도하자고 했다. 이 기도는 한 달 만에 응답되었다. 서울에 거주하는 건축사무소 건원의 양재연 회장님이 100만원을 보내주시어 배드민

턴과 족구 등, 3가지 겸용하는 배구대를 구입하여 그 자리에 설치해 놓을 수 있었다. 얼마나 감사하고 기뻤는지 모른다.

우리에겐 잔디도 필요했다. 우리는 "하나님, 잔디가 필요하네요. 이것도 주세요. 돈이 없어 살 수가 없어요." 하고 기도했다. 얼마 후, 산림청에서 청장님과 함께 20여 명의 직원들이 방문하여 동산에서 자원봉사 활동으로 제초작업을 해주면서 잔디가 필요하다는 사실을 알고는 산림청장님께서 대단히 질 좋은 잔디를 두 트럭이나 보내주어 아주 요긴하게 사용하였다.

이제 심어 놓은 잔디와 각종 나무들, 꽃나무들을 잘 살려 놓으면 대단히 훌륭한 〈꿈꾸는 놀이동산〉이 될 것이다. 요즘 개나리, 목련화, 벚꽃, 진달래, 영산홍들이 차례로 꽃이 피고 있다. 작년 가을에 파종한 유채꽃도 샛노랗게 피었다. 배나무 과수원에는 눈꽃 같은 배꽃이 눈부시게 피었다. 그 뿐인가. 작년에 심은 꽃잔디가 분홍색 꽃봉오리를 터트리기 시작하고 있다.

이렇게 우리는 〈꿈꾸는 놀이동산〉을 완성했다. 뒷동산 약 1500평에 분수가 있는 〈새롬(乙)연못〉, 〈기쁨(喜)이 흐르는 작은 폭포〉, 〈샘이 깊은 작은 연못〉, 〈꿈돌이 풋살구장〉, 배구와 족구장, 배드민턴장을 만들었고 4개의 언덕을 만들어 500그루의 나무와 꽃나무를 심어 멋진 동산을 만든 것이다. 이름하여 〈꿈꾸는 놀이동산〉이라고 명명했다. 특별히 연못과 폭포의 명칭은 설립자이신 하늘동산 가족들의 영원한 어머니의 한문 존함의 뜻을 한글로 풀어 만들었다. 이제 이곳은 아이들이 즐겁게 뛰어 노는 동산이 되었다.

이 동산에서는 우리 아이들과 어린이집 아이들, 지역사회의 청소년들과 우리 아이들이 함께 어우러져, 아름다운 꿈을 꾸며 자랄 것이다. 자기의 능력을 마음껏 개발할 수 있도록 할 것이다. 가을이 되면 우리 하늘동산은 온통 단풍으로 물들어 아주 아름다울 것이다. 단풍나무 잎은 빨강물이 들어 밝은 햇빛을 받아 더욱 찬란할 것이며, 은행나무들은 노란 물감을 먹은 듯 잎들이 온통 노랗게 물들 것이고, 감나무 잎은 주황색과 붉은 색, 연두색 등 다채롭게 색의 조합을 뽐낼 것이다. 그뿐 아니라 화살나무, 백일홍, 모과나무, 느티나무의 이파리들도 형형색색으로 변하는 모습에 우리 아이들이 감탄하리라.

우리 아이들이 축구를 하고 배드민턴을 하고 배구를 하며 산책로에서 이리 뛰고 저리 뛰며 노는 모습에서 그들의 행복한 마음을 엿볼 수 있어 한없이 기쁘고 감사한 마음 그지없다.

아! 아름다운 우리 동산!

이 아름다움으로 우리 아이들 마음도 아름답게 변화되리라 확신한다. 아이들은 행복을 느끼면서 자라야 한다. 아이들은 즐겁게 활동하면서 성장해야 한다. 메마른 정서가 따뜻한 사랑으로 채워져야 한다.

그동안 이 동산 만들기를 위해 물심양면으로 도와주신 분들께 감사드리며, 또한 이 모든 것을 성취하게 해주신 하나님께 감사를 드린다. 진정 하늘동산 가족들은 이곳에서 행복을 만끽하면서 멋지게 살아 갈 것이다.

아름다운 추억의 점등행사

저녁 8시 꿈꾸는 놀이동산 중앙에 위치한 광장에 우리 공동체 온 가족들이 모였다. 사방은 어둠이 감싸고 있었으나 하늘에는 별들이 반짝이고 있었다. "하나, 둘, 셋!" 80여 명의 아이들과 선생님들이 셋까지 큰 소리로 수를 세자 나는 첫 번째 가로등 기둥에 설치한 스위치를 켰다. 저 아래 작은 폭포 옆에 설치한 가로등을 비롯하여 네 개의 가로등이 일제히 환한 빛을 발산하자 아이들이 소리치며 박수를 쳤다.

우리가 모여 서 있는 바로 옆에서는 폭포소리가 콸콸콸 노래하고 있었다. 나는 작은 바위 위에 서서 짧은 연설을 했다.

"얘들아! 우리는 아름다운 놀이동산을 갖게 되었구나. 햇수로는 2년이지만 꼭 1년 만에 이 멋진 동산을 완성한 것이다. 이제 너희들은 이 꿈꾸는 놀이동산에서 꿈을 노래하면서 즐겁고 행복하게 뛰어 놀기 바란다. 나는 너희들을 진실로 사랑한단다. 너희들이 하늘동산에서 행복하고 즐겁게 살라고 이 동산을 만든 것이다.

이곳에서 미래의 멋진 꿈을 꾸기 바란다."

이어서 나는 우리 아이들과 함께 기도했다.

"하나님, 우리 아이들에게 이 멋진 꿈꾸는 놀이동산을 완성하도록 도와주심을 감사드립니다. 이 동산을 만들 수 있도록 물품으로 기부금으로 노동으로 도와주신 많은 분들에게 은혜로 갚아 주시옵소서. 이 동산에서 우리 아이들은 요셉과 같이 꿈꾸고, 그 꿈을 이루기 위해 부단히 꿈을 노래하는 아이들이 되게 해주시옵소서. 그리고 야베스처럼 존귀한 인물들이 나오게 해주시옵소서. 예수님 이름으로 기도 드립니다. 아멘."

기도 후 우리 모두는 손에 손을 잡고, 저 아래에 있는 〈샘이 깊은 작은 연못〉을 지나 동산을 한 바퀴 걸었다. 제일 작은 주아와 해빈이와 민영이가 좋아서 펄쩍 펄쩍 뛰었다. 한 바퀴 돌아와 광장에 모여 아이스크림 하나씩을 나누어 주면서 말했다.

"얘들아! 오늘은 멋진 밤이지? 이 밤을 잊지 말자!"

"예! 정말 멋진 밤이에요."

아이들은 힘차게 화답했다. 아이들의 얼굴엔 기쁨이 가득했다. 요 며칠 전 새 가족이 된 일곱 명의 아이들도 전혀 낯설지 않게 잘 어울리는 것은 우리 시설의 좋은 환경 때문인 것 같았다. 이제 누구나 우리 하늘동산에 오면 행복해지리라 믿는다. 이 좋은 동산을 주신 하나님께 다시 감사함을 드린다.

누군가 스바냐 3장 17절을 가사로 만들어 작곡한 노래를 부르기 시작하자 하나 둘 따라 부르더니 아름다운 합창이 되었다. 높은 하늘 위에서 반짝이는 별들이 귀를 기울이며 우리들의 찬양을 기쁘게 듣고 있었다.

> 너의 하나님 여호와가 너의 가운데 계시니 그는 구원을 베푸실 전능자이시라 그가 너로 말미암아 기쁨을 이기지 못하시며 너를 잠잠히 사랑하시며 너로 말미암아 즐거이 부르며 기뻐하시리라 하리라(스바냐 3:17).

보너스 선물, 천사들의 숲

2007년 시작하여 2008년까지, 햇수로 2년 동안 사랑하는 우리 아이들이 즐겁고 행복함을 누리며 살라고 조성한 〈꿈꾸는 놀이동산〉은 아주 유익하게 이용되고 있다. 우리 아이들은 지난 겨울 차갑고 매서운 바람이 부는 뒷동산에 올라가 겨우내 차디찬 연못 속에서 겨울을 지내야만 하는 금붕어들을 걱정하면서 봄을 기다리기도 했다. 초등학교에 다니는 어떤 아이들은 근심에 찬 질문을 한다.

"원장 아버지! 우리 금붕어들이 너무 춥겠어요, 얼어 죽지는 않을까요? 먹지 못해서 배고플 것 같아요."

"괜찮아, 한 구석에 항아리를 묻어 주어서 그 속에 들어가 겨울을 지내고 있단다. 그 속엔 깊은 땅 속에서 올라오는 열 때문에 온화할 거야. 그리고 겨울 동안엔 먹지 않아도 살 수 있도록 가을에 사료를 많이 먹여 살을 찌웠기 때문에 버틸 수 있단다."

아이들은 나의 설명에 안심하기도 했다.

차디찬 대지 위에 봄비가 내리자 얼었던 땅이 부드럽게 풀어지고 두텁게 얼었던 연못의 얼음이 녹자, 숨죽이고 봄이 오기를 기다리던 아름다운 금붕어들이 수면 위로 모습을 보이기 시작했다. 우리 아이들은 반가워 환호했다. 아이들이 깨알 같은 사료를 던져주자 굶주렸던 금붕어들은 배를 채우기 위해 입을 크게 벌려 냉큼 받아먹고 은신처로 쏜살 같이 내려갔다.

봄에는 산수유 꽃으로부터 시작하여 노란 개나리가 핀다. 이어서 목련화를 필두로 백옥 같은 배꽃, 노란 유채꽃들이 차례차례 핀다. 분홍색 벚꽃 잔디, 샛노란 금계국, 빨강색과 분홍색의 철쭉, 그리고 벚꽃들이 차례로 만개하면서 만들어지는 놀이동산의 아름다움에 우리 아이들의 마음과 생각도 아름다움으로 가득 채워진다. 5월의 여왕이라는 갖가지 장미 꽃, 능수화, 가을에 피는 국화꽃, 그리고 아름다운 코스모스 꽃향기에 푹 빠지기도 한다. 아이들은 분수가 하늘로 치솟는 모습을 보면서 마음속에서 분출하는 생각의 샘을 터뜨리기도 하고, 6월이 되면서 작은 폭포에서 쏟아지는 물줄기를 따라 작은 개울에서 물장난을 친다. 그리고 물고기 잡기도 체험한다.

잠자리채를 가지고 잠자리를 쫓아다니고, 또 매미를 잡는 즐거움, 땅속에서 스멀대는 지렁이를 보면서 징그럽다고 펄쩍 뛰던 녀석들도 친한 친구가 되기도 한다. 예쁜 새끼 6마리를 거느리고 살고 있는 토끼 가족들에게 클로버를 뜯어다 먹이고, 오골계, 금계, 백한과 공작새들에게도 풀을 뜯어와 망 사이로 넣어주는 것을 마냥 재미있어한다.

6월 밤과 10월 가을 밤, 모닥불을 피워 놓고 감자와 고구마를 구워먹는 재미는 어떻겠는가? 낭만적이고 아름다운 추억이 된다. 그 뿐인가. 풋살구장에서 땀을 뻘뻘 흘리면서 즐기는 축구도 빼 놓을 수 없는 즐거움이 되고 있다.

이렇게 우리 하늘동산 아이들이 '꿈꾸는 놀이동산'을 통하여 행복감을 누리면서 여름을 보내고 가을을 맞게 된 어느 날, 유성구 김대근 녹지계장님과 대전시 푸른 도시과 신성순 사무관님과 박관식 주무되시는 분이 우리 시설을 방문했다. 그들은 우리 앞마당의 정원과 뒷동산을 둘러보고는 큰 제안을 했다.

"원장님, 자력으로 이렇게 넓은 공간을 아이들 위해 공원으로 만드시느라 큰 수고를 하셨군요. 우리가 산림청에 녹색자금, 5억 원을 신청하여 뒷동산은 더 멋지게 보완하고 건물 앞 운동장과 놀이 시설 공간 등을 더 아름다운 공원으로 만들어 드리고 싶은데, 앞으로 이 계획이 이루어진다면 지역 주민들에게도 개방하실 수 있는지요?"

"예? 정말 입니까? 그런 큰 자금을 동원해 주실 수 있다는 말씀입니까?"

나는 5억 이라는 말에 억 하고 뒤로 넘어질 뻔 했다. 우리 시설 역사상 건물을 짓는데도 1억 2천만 원 이상을 지원 받아 본 일이 없었기 때문이다.

"원장님, 5억의 자금이 반드시 된다고 말씀 드릴 수는 없지만 주민들에게 개방하실 수 있다는 약속을 하신다면 계획서를 잘 만들어 자금을 신청해 드리겠다는 것입니다."

"예, 알겠습니다. 주민들에게 개방할 수 있습니다. 추진해 주십시오."

나는 즉시 대답했다. 그리고 몇 달이 지난 2010년 1월 대전시가 제출한 제안서는 3억이 줄어 2억 원으로 채택 되었으나 대전시가 1억 원을 추가하여 건물 앞마당 3,000제곱미터를 푸른 숲으로 조성하게 되었다는 전갈이 왔던 것이다. 정원의 이름은 〈천사들의 숲〉으로 하자고 했다. 3억 원이라는 거금을 정원 공사비로 지원받게 되었다니 어안이 벙벙했다. 나는 너무도 감사하여 하나님께 감사기도를 드렸다.

"구하기 전에 있어야 할 것 아시는 하나님! 진실로 감사합니다. 우리 아이들을 행복하게 해주려고 뒷동산을 공원으로 만들었더니, 보너스로 앞마당을 〈천사들의 숲〉으로 만들어 주시는군요. '하나님을 사랑하는 자, 그 뜻대로 부르심을 입은 자들에게는 모든 것이 합력하여 선을 이루느니라(로마서 8:28)라고 하신 말씀이 응답되어 저의 간증이 되게 하여 주셨사오니 감사합니다. 이 축복을 많은 사람들에게 간증하여 하나님께 영광을 드리겠습니다."

나는 "하늘은 스스로 돕는 자를 돕는다.(Heaven helps those who help themselves.)"라는 유명한 격언도 생각해 보았다. 모두 우리들에게 합당한 말이었다.

이 사업은 2010년 여름 장마가 지난 7월부터 시작했다. 친환경적인 개념으로 설계되었기 때문에 앞마당의 콘크리트 포장부분은 모두 철거하고 그 대신 중간에 잔디를 심을 수 있는 공간이 있는 보도블록을 깔았다. 그리고 운동장 공간과 종합 놀이시설이 있던 여자아동 숙사 앞마당에는 그늘지는 느티나무, 소나무, 백일홍을 비롯하여 수천주의 관목들, 그리고 철쭉, 블루베리 등 각종 꽃과 열매 맺는 나무들을 식재 했다.

1996년 정성을 들여 설치했던 목재 종합놀이 기구는 낡아서 철거하고 그 자리엔 현대식 새로운 놀이 시설을 설치했다. 여자아이들의 기숙사 앞에는 5가지의 운동기구도 설치하였다. 이제 하늘동산의 전체 모습이 아름다운 공원으로 탈바꿈 했다.

우리는 모든 공사를 마치고 10월 15일 성결교단의 전 총회장 홍종현 목사님과 유성교회 유태준 목사님을 모시고 준공 감사예배를 드렸다. 보너스로 〈천사들의 숲〉을 선물로 주신 하나님께 감사했다.

그러므로 그들을 본받지 말라 구하기 전에 너희에게 있어야할 것을 하나님 너희 아버지께서 아시느니라(마태복음 6:8).

우리가 알거니와 하나님을 사랑하는 자 곧 그 뜻대로 부르심을 입은 자들에게는 모든 것이 합력하여 선을 이루느니라(로마서 8:28).

_ 제2장

꿈을 노래해봐

꿈을 노래하는 아이들

2006년 12월 16일 저녁 7시, 하늘동산 가족들에겐 영원히 잊을 수 없는 역사적인 날로 기억될 것이다. 꿈과 희망을 성취한 자만이 느껴보는 희열을 맛본 날이기 때문이다.

"우리의 작은 신음에도 응답하시는 주님!

사랑하는 하늘동산 아이들이 1년 동안 땀 흘려 준비한 뮤지컬 공연이 성공할 수 있도록 도와주시옵소서. 출연하는 아이들은 자기 배역을 자신감 넘치게 펼칠 수 있도록 능력 주시옵소서. 좋은 날씨 주시어 많은 관객들이 몰려오도록 역사해 주시옵소서."

이것이 우리 가족들이 지난 1년 동안 매일 드린 기도 내용이었다. 그러나 이게 웬일인가? 우리가 매일 새벽마다 하늘의 하나님께 간절히 기도했는데 말이다.

이 날 아침부터 날씨는 춥고 하늘엔 구름이 짙게 깔렸다. 바람까지 불어 몸은 움츠러들었다. 그렇지만 우리는 부정적인 말이나 생각은 떨쳐버리기로 했다.

"하나님을 사랑하는 자, 그 뜻대로 부르심을 입은 자들에게는 모든 것이 합력하여 선을 이루느니라(로마서8:28)."는 말씀을 믿고 의지하면 모든 일들이 잘 될 것이라 믿기로 했다.

출연진과 파트별 담당 직원들은 점심 식사 후 한밭 대학교 강당으로 이동했다. 로비에는 아이들의 종이접기 작품들을 전시하도록 준비했다. 오후 4시 경 잠시 구름이 걷히고 햇빛이 났다. 참으로 반가운 햇살이었다. 그것은 잠시 뿐이었다. 이번엔 눈발이 흩날리기 시작하더니 잠시 후 그쳐 주었다.

"원장님! 날씨가 변덕을 부리네요. 그래도 문제없겠죠?"

하나님께서 좋게 해 주실 것이라고 믿기로 하고도 어느 선생님이 긍정과 부정이 섞인 질문을 하는 것이었다.

"선생님! 긍정적인 생각만 하기로 했죠?"

"아아, 알겠습니다. 원장님……"

분장실에서는 대전 시내에서 유명한 뷰티아카데미 미용학원에서 온 미용사들이 배역에 맞는 분장을 열심히 해주었고, 코디들은 배역에 맞는 의상을 챙겨주어 잘못된 부분은 매만져 주었다. 모든 준비가 완료되었다. 이젠 많은 관객이 공연에 참석해 주는 일만 남은 셈이었다.

오후 6시 경부터 한두 분씩 입장하기 시작했다. 한밭 대학교의 강당 좌석 수는 1,000석이다. 30분이 지났으나 200여석이 채워졌을 뿐이었다. 잠시 후 안내를 맡고 있던 이연실 선생님이 급히 달려와 소리쳤다.

"원장님! 사람들이 몰려오기 시작했어요. 구름 같이 몰려와요."

"아! 그래요?" 대답을 하고는 나도 황급히 로비 쪽으로 달려가 보니 사람들이 밀물처럼 입장하고 있었다.

"오! 하나님! 감사합니다. 신실하신 하나님을 찬양합니다!"

나는 내 입속에서 하나님 이름을 찬양했다. 잠시 후 이번엔 오희숙 선생님이 달려와 새로운 소식을 전달해 주었다.

"원장님! 원장님! 좌석이 모두 차서 보조 의자를 놓기 시작했어요. 관객이 1,000명 이상이 되는 것입니다. 대 성공이에요."

참으로 놀라운 일이었다. 드디어 영상 메시지가 전해지기 시작했다. 박성효 대전광역시장님, 김신호 대전광역시교육감님, 진동규 유성구청장님, 임재인 유성구의회 의장님, 그리고 마지막으로 MC몽이 인사하자 학생 관객들이 소리 질러 환호하기도 했다. 막이 오르기 직전 나는 무대 앞에 나가 청중들에게 인사했다.

"하늘동산 아이들을 사랑해 주시는 여러분! 오늘 밤 추운 날씨임에도 이렇게 많이 와주셔서 진심으로 감사드립니다. 오늘 공연 제목인 "Dream, 드림"이라는 단어는 영어의 '꿈'이라는 뜻과 우리말의 '드린다'는 두 가지 의미를 가지고 있는데, 오늘 밤 이 자리는 우리 아이들이 여러분들에게 이 두 가지 즉, 꿈과 그리고 감사를 드리는 자리가 될 것입니다. 다가오는 성탄과 새해에 여러분 가정에 하나님의 크신 축복을 기원 드립니다. 감사합니다."

나의 인사에 큰 박수가 있은 후 불이 꺼지고 잠시 어두운 정적이 흐르다가 막이 열리면서 내레이터인 남지선양과 염태화 선생님이 아름다운 음성으로 뮤지컬의 의미를 소개하는 노래를 부르기 시작했다.

어떤 사람은 꿈이 많아
그의 맘속에 희망 가득
어떤 사람은 꿈 없이
아무 생각 없이 살아가네.
누가 옳고 그른지 알 순 없지만
이제 여러분 듣게 될 얘기는
꿈을 마음속에 간직하며 어려움을 이긴 사람 얘기
어떤 꿈들은 언젠가는 이루어지고,
어떤 꿈들은 이루어지지 않고 사라진다네.
마음속에 항상 꿈 간직하면
어떤 일이 일어나게 되는지 지켜보세요.

이어서 주인공 요셉을 중심으로 아홉 명의 예쁜 아이들이 어깨동무를 하고 두 줄로 앉아 꿈의 노래를 불렀다.

눈을 감고 슬픔에 잠겨
홀로 외로이 생각해 보네.

모든 사람 모른 체해도

언젠간 꿈이 이루어지네.

아름다운 꿈의 옷 입고

동트는 새벽 바라보면서

내 맘 속에 다짐해 보네.

언젠가 꿈이 이루어지네.

천둥소리 번개 불빛 온 세상을 뒤흔들고

먹구름 모두 밀려와도 견딜 수 있어

두렵지 않아. 내 마음속에 꿈이 있으니

모든 사람 아니라고 해도 언젠가 꿈이 이루어지네.

이어서 무대에 조명이 비치면서 복슬복슬한 내레이터 남지선 양은 큰 성경책을 들고 야곱과 그의 열두 아들에 대한 이야기를 소개했다. 연주에 맞추어 내레이터의 독창, 아들들과 그들의 부인들의 합창이 교대로 어우러진다. 남자들의 복장은 흑갈색과 녹색 회색 등, 바탕에 위에서 아래로 줄무늬가 있는 전통적인 유대인들의 색깔로 지어진 옷을 입었고 그 위에 허리에 띠를 동여매었다. 여자들은 검정색 긴 드레스에 머리에는 수건을 썼다.

야곱의 아들 며느리 24명이 음악에 맞추어 노래하며 추는 댄스는 정말 현란했다. 그들이 추는 춤에 많은 사람들이 놀라워했다. 나도 그들의 춤 솜씨에 놀랐다. 나이 어린 초중고 학생들이 어쩌면 저렇게 노래를 부르며 자연스런 율동을 자유자재로 할 수 있을까. 내가 참으로 신기하게 생각할 정도였다. 그건 오늘 공연을 위하여 끊임없이 노력한 결과라고 생각했다.

야곱은 요셉에겐 색동옷을 입혀 아들들 중에 그를 제일 사랑한다는 사실을 표현한다. 요셉은 색동옷을 입고 행복한 노래를 불렀다.

정말 멋져 보이죠,
찬란한 이 옷 색깔들,
아주 좋은 총천연색 외투,
나는 이 옷 너무 맘에 들어,
짙은 빨강 노랑 초록 파랑
자주 검정 오렌지 분홍 루비 빛 황갈색 보라.

그리고는 더 많은 색깔들을 나열하며 노래한다. 아버지의 편애를 받고 있는 요셉이 어느 날 꿈을 꾸고 자기 형들에게 꿈 이야기를 하여 더욱 미움을 산다. 요셉은 그의 형들에게 꿈 이야기를 들려준다.

우리가 밭에서 곡식단을 묶더니 내 단은 일어서고 당신들의 단은 내 단을 둘러서서 절하더이다(창세기 37:7).

이 이야기를 듣던 형들은 "네가 참으로 우리의 왕이 되겠느냐,

참으로 우리를 다스리게 되겠느냐?"라고 반문하며 격노하고 그를 더욱 미워한다. 그들은 조롱 섞인 노래로 요셉을 야유한다.

우리 동생의 꿈 얘기 개가 짖는 소리
그런 멍청한 얘기는 들어 본적 없어.
정말 그 바보 녀석은 참 눈치도 없어.
우리는 모두 열한 명 그는 혼자일 뿐,
그가 들려준 그 얘기 그것은 단지 꿈일 뿐
그가 꾸었던 그 꿈은 이루어 질 수 없어!

요셉의 형들의 마음은 조롱이 변하여 미움이 되고 미움이 극에 달하자 없애버릴 음모를 꾸민다. 사도 요한은 사랑치 아니하는 자는 사망에 거하는 것이며 그 형제를 미워하는 자는 살인하는 자라고 요한 일서 3장에 기록하고 있다. 이렇게 미움은 살인으로까지 발전하는 것이다.

형들은 자신을 위문하러 온 요셉을 죽이려다가 다행히 죽이지는 않고 이집트로 가는 장사꾼을 맞나 팔아넘기고는 부인들과 함께 신나게 춤추며 좋아한다. 그리고는 아버지에게 찢기고 피 묻은 채색 옷을 보이며 들짐승에게 찢겨 죽었다며 속이고 만다.

큰 아들 르우벤으로 분장한 김효근이 아버지를 위로하는 열창을 했다.

아버지 드릴 말씀이 있어요.

놀라지 마세요.

조금은 슬프겠지만 감동적인 얘기죠.

당신의 열두 아들 중 한 명이 갔어요.

하지만 슬퍼 마세요. 천국에 갔으니.

아들 중에 한 사람이 천사가 됐어요.

여기에 장단 맞추어 야곱의 며느리들이 슬픈 노래를 이어간다. 르우벤은 탄식하면서 거짓말로 노래를 계속한다.

요셉, 우리는 영원히 널 잊지 못할 거야.

식탁의 자리는 줄고 눈에는 눈물이 가득.

우리 요셉은 우리 맘속에 평화처럼 영원할거야.

그의 마지막 최후는 정말 끔찍했죠.

우리는 구하기 위해 싸웠죠.

그의 외투는 붉은 피로 물들고 말았죠.

그의 육신은 갔지만 그의 영혼은 낙원에.

이집트로 팔려간 요셉은 재산 많고 사람 좋은 이집트 거물 보디발에게 팔렸다. 아름답고 젊은 보디발의 부인의 유혹을 물리치지만 오히려 누명을 쓰고 10여년 억울한 옥살이를 한다. 그는 여전히 꿈을 버리지 않았다. 그러나 그가 좌절하려 하면 죄수들이

"헤이, 드리머(dreamer) 걱정 말아요. 헤이, 요셉 기운을 내요."라고 노래를 불러 준다.

그는 그가 믿는 여호와 하나님께서 어려서 형제들과 부모님 앞에서 이야기했던 그 꿈이 이루어지게 해달라고 기도했다. 드디어 요셉은 바로왕의 술시종과 요리사가 꾼 꿈을 해몽하여 맞춰준 연고로 바로왕이 꾼 신기한 꿈도 해몽해 주게 되었다. 그리하여 요셉은 이집트의 최고의 스타, 슈퍼스타, 영웅이 되어 국무총리의 자리에 앉게 된다. 이어서 바로 왕이 신명나게 노래를 부른다.

네 말이 맞아, 요셉 바로 맞혔어.
내가 꾼 꿈이 바로 그런 뜻이었구나.
요셉, 너는 지금부터 우리나라를 위해
나와 함께 일을 하자.
너는 나의 오른 팔!

다음은 내레이터가 바로왕의 노래를 받아 부르는 노래이다.

바로 왕은 너무 기뻐 당장 명령 내려서
요셉 손발 묶고 있던 사슬 풀어 주었네.
요셉의 죄 왕이 모두 용서하여 주었고
황금마차 금은보화 곡식까지 주었네.
요셉 왕의 오른 팔, 요셉 우리의 영웅,

요셉 왕의 오른 팔, 요셉 우리의 영웅. 요~셉~

요셉의 꿈 해몽과 같이 이집트에는 7년 동안 큰 풍년이 들어 방방곡곡에 창고를 만들어 식량을 가득히 저장하자, 이제는 7년의 대 흉년이 찾아왔다. 하지만 이집트 사람들은 아무 걱정 없었다. 가나안에 살고 있던 야곱과 그의 열 한 아들들이 할 수 없이 이집트에 양식을 사러 와서 요셉 앞에 나타나 무릎 꿇고 절했다. 십 수 년 전 요셉이 꾼 꿈이 이루어지는 순간이었다.

요셉은 형제들을 시험하려고 막내 베냐민의 자루에 금 컵을 넣고 도둑으로 몰아 보자, 형제들은 이렇게 노래한다.

조금도 의심하지 마세요.
베냐민은 정말 착해!
오우, 언제나 죄를 짓는 건, 여기 있는 우리들이죠.
오노, 착한 베냐민을 놓아주세요.
우리들을 대신 잡아 가세요!

그들이 동생을 사랑 하는 모습을 보여주자 요셉은 형들에 대한 의심을 풀고 모두 용서한다. 그리고 요셉은 그들 앞에 자기 정체를 알리는 노래를 한다.

나를 알아보겠소. 형제들이여,

앞에 서 있는 이 사람이 요셉이라오.

드디어 가나안에서 아버지 야곱이 달려오고, 요셉은 황금 마차를 타고 달려나가 그렇게도 그립고 보고 싶던 아버지를 만난다. 이어서 요셉으로 분장한 이재설 군이 내레이터 염태화 선생님과 함께 마지막 노래 "찬란한 꿈의 옷, 나의 아름다운 꿈, 놀라운 꿈의 옷, 나의 아름다운 꿈!"하며 열창이 끝나자 관중석에서 우레와 같은 박수가 터져 나왔다.

박수 소리가 한 동안 계속되었고, 이어서 그동안 뮤지컬을 준비하던 과정을 음악과 영상과 자막으로 소개하였다. 관객들은 영상과 자막을 보면서 큰 감동을 받는 것 같았다. 우리들의 눈에서는 눈물이 흘러내리고 있었다. 어떤 아이들은 서로 부둥켜안고 흐느껴 울었다. 관객들 중에도 많은 분들이 눈물을 닦아 내고 있었다.

각자의 생각이 모두 다르지만 하나의 그림을 그리기 위해 한 자리에 모였습니다. 뮤지컬을 준비하는 동안 지치고 힘들고, 때론 포기하고 싶었지만 함께 있었기에 이겨 낼 수 있었습니다. 이런 어려움을 이겨 냈기 때문에 사회에 나가서도 많은 어려움들을 극복할 수 있을 것입니다. 관심과 사랑으로 늘 함께 해주신 후원자님들과 자원봉사자님들, 새벽마다 기도해주시며 지켜봐 주시고 격려해 주신 원장 아버지와 원장 어머니, 그리고 성공적인 뮤지컬 공연이 되도록 간절한 마음으로 새벽마다 기도해 주신 하늘동

산 선생님들, 멋진 공연을 위해 저희들을 지도해 주신 전문가 선생님들의 우리를 향한 꿈들, 그 꿈들을 이 뮤지컬에 담았습니다. 모두의 꿈이 이루어지길 위해.

마지막으로 우리 출연진들은 전문 뮤지컬 배우들처럼 파트별 배역들이 서로 손을 맞잡고 차례차례 관중들 앞에 나와 허리를 깊이 숙이고 아주 공손하게 감사의 인사를 했다. 멋진 모습이었다.

그리고 막이 내려왔다.

우리 아이들은 정말 멋진 공연을 해냈던 것이다.

나는 집에 돌아와 아내와 함께 하나님께 감사함으로 다시 젖은 눈시울을 닦으며 기도했다.

"하나님! 진실로 감사합니다. 낮에는 바람도 불고 추운 날씨였지만 1,200여명의 관객이 모여들었고, 우리 아이들도 자기의 재능을 마음껏 발휘하여 성공리에 공연을 성공하게 하여주신 은혜 감사드립니다. 전적으로 하나님께서 역사해주신 은혜임을 믿습니다."

그리고 거실을 맴돌면서 "하나님! 감사합니다. 하나님! 감사 합니다."를 연발했다.

하나님은 우리들의 기도를 100퍼센트 응답해 주셨다. 우리는 잠을 청했지만 잠을 잘 수가 없었다. 자꾸 감격의 눈물이 났다. 자정이 다 되어 가는데 여자 아이들 건물 쪽에서 요란한 소리가 들려왔다. 남자 아이들 건물 앞마당에서도 요란한 소리가 들려왔다.

나는 불현듯 무슨 사고가 난 것이 아닌가 하고 벌떡 일어나 서쪽 창문을 열었다. 열자마자 내 눈은 휘둥그레졌다. 하늘동산은 온통 은빛 세상이 되어 있었다. 언제 소리 없이 내렸는지 흰 눈이 소복하게 쌓였고 함박눈이 계속해서 펄펄 내리고 있지 않은가!

"와! 눈이다. 첫 눈이다. 함박눈이다. 와! 와!"

아이들은 괴성을 지르며 밖으로 나와 눈 위에 뒹굴고 눈을 뭉쳐 서로 던지면서 이리 뛰고 저리 뛰며 즐거워 어쩔 줄 몰라 했다. 아이들은 집에 돌아온 후 특식으로 시켜온 피자와 치킨을 먹으면서 성공적인 공연의 흥분을 가라앉히지 못하여 잠 못 이루고 있다가 창밖에 눈이 내리는 광경을 발견하고는 우르르 몰려나가 성취감을 마음껏 발산했던 것이다. 이 날 밤 내린 하얀 함박눈은 꿈을 이룬 우리 아이들에게 주신 하나님의 선물이었다. 이들이 마음껏 질러댄 탄성은 꿈을 이룬 자들만이 할 수 있는 자만심과 자신감의 표출이었다. 그럴 만한 충분한 자격이 있었다.

이렇게 우리 아이들은 꿈을 노래했다. 우리 아이들은 각자의 꿈을 노래하며 살아가고 있는 것이다. 당시 고3 학생 세 명 중, 요셉으로 등장했던 이재설 군은 그의 꿈대로 대학에서 호텔경영학을 공부하여 졸업 후 부산의 한 호텔 카지노에서 딜러 훈련을 받고 있고, 내레이터로 등장했던 남지선 양은 전문대학을 졸업하고 현재 조교로 일하고 있다. 또한 야곱의 장남 르우벤으로 등장했던 김효근 군은 충남대학교 불문학과에 진학하여 공부하다가 3학년을 마치고 입대하여 육군 포병대원으로 국방 의무를 다하고 지금은 복학하여 열심히 공부 중이다.

하늘동산의 모든 아이들은 2006년 12월 16일을 영원히 잊지 못할 것이다. 꿈은 이루어진다는 진리를 일깨워 준 날이기 때문이다.

우리 아이들이 1년 동안 심혈을 기울여 연습하고 준비하여 공연한 뮤지컬 "Dream, 드림"을 한 번으로 끝내기는 너무 아까운 일이었다. 1회 공연을 위하여 투자한 비용은 약 이천백여 만원이었다. 이 중 천백 만원은 대전 공동 모금회가 뮤지컬 프로그램 제안서를 통해 받은 것으로 충당했고, 나머지 예산은 전 직원들이 각계 각처에 모금함을 설치하여 모금하였고, 교회와 사업체를 방문하여 도움을 얻었던 것이다.

그러나 추가 공연을 한다면 의상과 소품은 계속 사용할 수 있는 일이지만, 조명과 음향과 개인용 무선 마이크 대여료, 그리고 음악 연주팀 수고비용과 감독 수고비 등을 합하면 육백여 만 원은 필요한 것으로 파악되었다.

추가공연의 아쉬움을 생각하고 있던 차에 성탄절 이틀 전 날, 위문 차 우리 원을 방문하신 박성효 시장님께서 우리 뮤지컬 공연 성과를 듣고는 새해 1월 초 시청강당에서 공연하자는 제안을 해주었다. 1회 비용이 600여 만 원 소요된다고 했더니 비용을 지원해 주겠다고 약속하였다.

그리하여 2007년 1월 6일 우리 뮤지컬 팀은 대전시청강당에서 앙코르 공연을 하게 되었다. 대전시청 공무원들 중 신우회원들과 대전시 관내 아동양육시설 및 지역아동센터 청소년들이 초청되어 800명 좌석이 만석이 되는 성황을 이루었다.

박 시장님은 인사말과 함께 뮤지컬 공연의 의미를 청중들에게 잘 설명해 주었다.

"여러분! 새해 복 많이 받으세요. 오늘 날씨가 추운데도 천양원 친구들이 준비한 뮤지컬 공연을 감상하러 이렇게 많은 분들이 참석해 주셔서 고맙습니다. 1년 동안 준비한 작품으로 지난 달 한밭대학교 강당에서의 공연이 대 성황을 이루었다는 이야기를 듣고 그렇게 공들여 만든 작품을 단 한번 공연으로 그친다는 것이 너무 아깝고 아쉬워서 오늘 한 번 더 공연하자고 제가 제안을 했습니다.

이번 뮤지컬의 제목이 "'Dream, 드림"입니다. 우리 어른들은 내일의 주인공인 청소년들에게 꿈과 희망을 줄 수 있어야 합니다. 그것이 어른들이 가져야할 책무라고 생각합니다. 우리 시민들은 자기 주변의 어린이들에게 꿈을 주고 잘 가꾸어서 함께 행복해지도록 해야겠습니다. 그리하여 정이 흐르는 사회, 정이 넘치는 정다운 사회가 빨리 이루어지기를 바랍니다.

청소년 여러분! 오늘 공연을 통해서 주인공 요셉이 어떻게 그의 꿈을 이루는지 잘 지켜봐 주기 바랍니다."

시장님의 인사말과 당부의 말에 청중들은 큰 박수로 화답했다. 시장님을 비롯한 모든 청중들은 꿈을 노래하는 아이들의 노래와 율동의 일거수일투족에 찬사와 탄성을 보내며 자리를 떠나지 않고 끝까지 감상해 주었다. 우리 아이들은 2차 공연으로 인하여 더 큰 자부심과 성취감을 얻을 수 있었다.

> 요셉이 그들에게 이르되 청컨대 나의 꾼 꿈을 들으시오. 우리가 밭에서 곡식단을 묶더니 내 단은 일어서고 당신들의 단은 내 단을 둘러서서 절 하더이다. 그 형들이 그에게 이르되 네가 참으로 우리의 왕이 되겠느냐 하고 그 꿈과 그 말을 인하여 그를 더욱 미워하더니, 요셉이 다시 꿈을 꾸고 그 형들에게 말하여 가로되 내가 또 꿈을 꾼즉 해와 달과 열 한 별이 내게 절하더이다 하니라(창세기 37:6-9).

> 그의 형들은 시기하되 그 아비는 그 말을 마음에 두니라(창세기 37:11).

성공을 원한다면 꿈의 목록을 작성하라

나는 언젠가부터 '꿈의 목록'을 작성하여 성공적인 인생을 살아온, 존 고다드(John Godard)의 전도사가 되고 있다. 아동이나 청소년들을 만나면 존 고다드처럼 '꿈의 목록'을 작성해 보라고 역설한다. 나는 2010년 1년 동안 중도일보 고정 칼럼니스트로 활동할 때, 첫 번째 칼럼을 이 주제로 기고한 일이 있다. 그 원문을 소개한다.

2010년이 시작되어 벌써 한 달이 지나고 있습니다. 세월은 유수와 같은데 동일하게 주어진 시간과 기회를 우리는 어떻게 시작하고 있는지 점검해 보고 싶습니다. 과거의 실패를 딛고 일어서 힘차게 출발했는가, 아니면 아직도 머뭇거리고 있는가, 성찰해 봅시다.

우리는 누구나 후회 없는 성공적인 인생을 살고 싶어합니다. 아마도 대다수의 사람들은 성공적인 인생이란 부와 명예를 동시에 성취한 삶을 의미한다고 말할 것입니다. 그렇다면 부와 명예만 얻으면 성공했다고 할 수 있을까요? 그렇지만은 않습니다. 부와 명예 뿐 아니라 사회와 인류에게 유익을 주고 좀 더 가치 있는 흔적을 남기는 삶이 아닐까 합니다.

한 달 전 나는 귀한 손님을 영접한 일이 있습니다. 정운찬 국무총리께서 우리 시설을 방문하여 아이들을 격려하고 귀한 선물을 전달해 주었습니다. 아이들은 답례로 챔버 오케스트라에 맞춰 캐럴을 불렀습니다. 나는 시설을 소개하면서 우리 시설에서 성장한 후, 사회에 나가 성공적인 삶을 영위하고 있는 몇몇 인물들을 소개했습니다. 기독교대한성결교단의 H목사, 어린이재단 회장인 K박사, 서울대 명예교수 J박사, 미국의 전 휴스턴대학 교수 L박사, 한국 과학원 H박사, 외국회계법인 대표이사인 H공인회계사, 사업가 C회장, 중앙부처 L부이사관 등을 소개했습니다. 설명이 끝나자, 정 총리께서는 자신의 어린 시절 극심한 가난으로 고생했지만 꿈을 품고 노력했던 일을 회상했으며, "이 분들이 성공할 수 있었던 것은 꿈이 있었기 때문일 것입니다. 그러므로 아이들에게 꿈과 희망을 심어주십시오."라는 당부를 했습니다.

대한민국의 어린이와 청소년이 가장 존경하는 인물 1위이자 이 시대 최고의 역할 모델로 꼽히는 안철수 카이스트 석좌교수도 년초 소년한국일보인터뷰에서 "나는 어릴 적 인류를 행복하게 할 훌륭한 발명품을 만드는 과학자나 공학자의 꿈을 가슴에 품고 정진했습니다."라고 하면서 "꿈을 가질 것"과 "행복한 삶"을 당부한 바 있습니다.

위 두 사람의 지적처럼 꿈을 갖는다는 것은 성공의 필수 조건임에 틀림없습니다. 이러한 맥락에서 나는 성공적인 인생을 펼쳐 나아 갈 방법을 소개하고자 합니다. 인생의 비전이나 목표들을 문장으로 정리하여 "꿈의 목록"을 만들어 실천해 보자는 것입니다.

1972년 〈라이프〉지는 탐험가이자 의사인 존 고다드라는 사람의 인생을 소개한 적이 있습니다. 그는 인생의 목적을 문장화해서 엄청난 성취를 이룬 인물입니다. 15살 때 그는 할머니와 숙모가 나누는 대화를 우연히 들었습니다.

'이것을 내가 젊었을 때 했더라면, 얼마나 좋았을까?'

고다드는 '했더라면' 이란 말에 깊이 깨우친 나머지 자신의 인생에서 성취하기를 원하는 목록을 차곡차곡 적어나갔습니다. 그가 기록한 목표는 모두 127가지였습니다. 탐사할 8개의 강과 등산할 16개의 산에다 의사라는 직업, 수많은 극지 여행이 포함되었습니다. 비행기 조종법 배우기, 파사디나의 장미 퍼레이드에서 말 몰기, 성경 통독, 셰익스피어를 비롯한 수십 명의 고전작품 읽기 등이 줄을 이었습니다.

존 고다드는 그의 나이 47세가 되던 1972년까지 108개를 완성했고, 1980년에는 우주여행까지 실현하여 127개 전 목록을 성취했습니다.

1953년 미국 예일대학에서는 졸업생들에게 인생의 목표를 써서 제출하라고 했습니다. 3%의 학생들만이 구체적인 목표를 적어

냈다고 합니다. 22년의 세월이 흐른 1975년에 이들 졸업생의 업적을 연구한 결과 인생의 목표를 써냈던 3%의 학생들이 성취한 업적이 그렇지 않았던 97%의 업적을 합한 것보다 더 많았다고 합니다.

그렇습니다. 문장으로 깔끔하게 정리된 인생의 목표는 상상을 초월할 정도의 힘을 발휘하고도 남는다는 증거입니다. 꿈은 노력하게 만드는 이유가 되고, 노력은 꿈을 이루게 만드는 힘이 되고, 둘 사이는 떼려야 뗄 수 없는 사이가 되어 꿈을 현실로 만들게 되는 것입니다.

이 글을 기고한 4개월 후에 나는 존 고다드의 〈꿈의 목록〉을 실천한 사람을 발견했다. 『멈추지 마, 다시 꿈부터 써봐』라는 책을 출간한 김수영이라는 사람이다. 그녀는 25세 때 73개의 꿈의 목록을 쓰고 세계에 도전하고 있는데 벌써 33개를 이루었고 34번째의 꿈인 아프리카 탄자니아에 있는 5,895m 고지, 킬리만자로 산을 29살 때 등반하겠다는 꿈을 2011년 12월 31일 새벽, 정상을 밟음으로 목적을 이루었던 것이다. 그녀는 돌부리에 걸려 수 십 번 넘어지고, 다리가 엉켜 쓰러지기도 했다. 등반 3일 째부터는 머리가 깨질듯이 아프고 온 몸에서 식은땀이 나는 고통이 있었지만 포기하지 않았다. 이 꿈을 성취한 후 그녀는 "나의 꿈 중 하나인 킬리만자로 등반을 20대 마지막 날에 이루고 싶었다."라고 술회했다. 김수영 씨가 이 꿈을 이루기 위해 얼마나 치열한 노력을 했는가를 잘 알 수 있다.

그녀는 지금 영국의 로열 터치쉘이라는 회사의 본사에 억대의 연봉을 받으며 근무하고 있다. 그녀는 아빠의 부도로 자퇴하고, 살 집이 없어 마을회관 구석에서 잠을 자야했다. 또한 그런 생활이 싫어서 가출하고 학교를 포기하고 자퇴하는 등 방황을 했지만 1년 만에 정신을 차리고 검정고시로 실업계 고등학교에 진학하여 열심히 공부한 결과 전교 1등을 하면서 골든벨을 울리는 실력을 발휘하기도 했다. 연세대학교 영문과 정시모집에 당당히 합격하고 고학으로 대학을 마친 후, 그녀는 '인생이란 행복하지 않으면 억울한 삶' 이라고 하면서, 그 자신이 작성한 꿈을 차례차례 이루어가고 있다.

나는 김수영 씨가 쓴 그 책을 구입하여 우리 아이들에게 구독하도록 지도했다. 큰 도전이 되리라고 확신한다.

꿈을 노래해봐

민숙이는 8살 때 여동생, 남동생과 함께 우리 시설에 들어왔다. 아버지는 알코올 중독으로 치료 공동체에 살고 있었고, 어머니는 생활을 비관하고 집을 나가 가정이 해체되었기 때문이었다. 그 후 아버지는 이들 삼남매가 성인이 되기 전, 결국 그 질병으로 사망하고 말았다. 민숙이와 동생들은 아버지가 돌아가셨을 때, 절제 없는 생활을 하다가 건강과 가정을 깨트린 아버지가 원망스러웠고, 또 한 편으로는 이젠 아버지라는 존재를 상실했다는 슬픔으로 눈물이 마르도록 울었다.

민숙이는 자신을 절망하게 만드는 고질병을 가지고 있었었는데, 한 달에 두 세 차례 일어나는 간질 발작이 그것이었다. 민숙이는 언니 노릇과 누나 노릇을 해보려고 애를 써 보았지만 이 증상이 일어날 때마다 누나의 권위가 땅에 떨어지는 좌절을 느끼곤 했다. 발작을 시작하면 그 자리에 쓰러져 손발이 뒤틀리고 눈동자가 무섭게 돌아가는 모습에 아이들이 놀라 모두 피해 버리고 때론 놀려 대기도 했다. 그래서 민숙이는 항상 우울했고 매사에 자신이 없었다. 이 병 때문에 민숙이는 어려서부터 지겹도록 약을 먹어야 했다. 그렇다고 병이 고쳐지는 것도 아니었다. 다만 발작하는 횟수가 조금 감소하는 것뿐이었다.

나는 낙심하고 슬퍼하는 민숙이를 위해 수시로 기도해 주고 격려해 주었다. 마태복음 10장 15절에 소개된 어떤 아버지 심정으로 "주님, 우리 민숙이를 불쌍히 여겨 주십시오. 간질병으로 몹시 고통을 받고 있습니다. 이 병을 고쳐 주시옵소서." 라고 기도해 주었다.

"민숙아! 슬퍼하지 마라. '예수님! 저를 불쌍히 여겨 주세요. 나의 병을 고쳐 주세요.' 라고 너도 기도하렴. 예수님은 구하는 자에게 주신다고 하신 말씀을 믿고 기도하여라. 언젠가는 네 기도에 응답해 주실 것이다."

"원장님, 잘 알겠습니다. 예수님이 고쳐 주실 것을 믿고 기도하겠어요. 저를 위해 기도해 주셔서 고마워요."

이렇게 대답을 하고난 후, 민숙이는 머리를 긁적거리면서 무엇인가 주저하는 모습이 역력해 보였다.

"민숙아, 뭐 할 말이 있는 게로구나. 무슨 말이든지 하고 싶은 것 있으면 이야기 해 보려무나. 다 들어줄게."

"저…기…"

"저기 뭐 말이냐? 말해봐."

"예. 제가 이제부터 원장님을 아버지라 불러도 될까요? 친아버지가 돌아가셨으니 아버지라고 부를 분도 없고, 원장님은 저를 아버지처럼 사랑해 주시고 돌봐주시니 그렇게 부르고 싶은 마음이 생겼어요."

"민숙아! 그랬구나. 그래, 이제부터 아버지라 부르거라. 네가 날 아버지라 불러도 좋고 아빠라고 불러도 좋다. 네가 나를 아버지라 부르면 더 사랑하게 될 것 같구나."

민숙이는 고등학교 1학년 때인 그 때부터 나를 '아버지' 또는 '아빠' 라고 스스럼없이 부르고 있다. 나는 이 아이를 볼 때 마다 늘 안타까운 마음이 있어 충남대학교 신경과의 처방을 받아 약을 잘 복용하도록 배려해왔다. 병원에 갈 때는 늘 우리 시설의 간호사가 동행하도록 했다. 어느 날 민숙이는 사무실로 찾아와 희망적인 이야기를 했다.

"아버지, 저는 앞으로 좋아질 거라는 믿음과 긍정적인 생각을 하기로 했어요. 아버지께서 가르쳐 주신 기도와 함께 가수 인순이가 부른 '거위의 꿈' 을 노래하면서 살 거예요. 언젠가는 지긋지긋한 내 병이 고쳐질 거라는 꿈을 가지면서요."

"야! 우리 민숙이 멋지다. 어떻게 그런 생각을 했니? 바로 그거야. 매사에 긍정적인 생각을 하면 삶에 자신이 생기는 거야. 당당할 수도 있고 말이야. 이제부터 비굴하지마라. 슬퍼하지도 말라구. 우리 민숙이 멋진 생각을 했다. 파이팅이다!"

"그런데 말이야. 민숙아, 너 인순이가 부른 그 '거위의 꿈' 이라는 노래 잘 부를 수 있기나 하는 거냐?"

"그럼요. 그 가사가 저에게 딱 맞는 것 같아요."

"그래 한 번 불러 봐라. 꿈을 노래해 봐!"

민숙이는 내 앞에서 '거위의 꿈'을 아주 잘 불렀다. 아마도 수없이 부르고 또 불렀는지 아주 높은 고음까지 거침없이 잘 불렀다.

난, 난 꿈이 있었죠.
버려지고 찢겨 남루하여도
내 가슴 깊숙이 보물과 같이 간직했던 꿈
혹 때론 누군가가 뜻 모를 비웃음,
내 등 뒤에 흘릴 때도
난 참아야 했죠. 참을 수 있었죠. 그 날을 위해
늘 걱정하듯 말하죠. 헛된 꿈은 독이라고,
세상은 끝이 정해진 책처럼,
이미 돌이킬 수 없는 현실이라고
그래요 난, 난 꿈이 있어요,
그 꿈을 믿어요. 나를 지켜봐요
저 차갑게 서 있는 운명이란 벽 앞에,
당당히 마주칠 수 있어요.
언젠가 난 그 벽을 넘고서,
저 하늘을 높이 날을 수 있어요.
이 무거운 세상도 나를 묶을 순 없죠.

내 삶의 끝에서 나 웃을 그날을 함께해요.

민숙이는 이 노래를 미소 지으며 불렀지만, 그의 눈에선 눈물이 흘러내리고 있었다. 나는 내 눈에서도 눈물이 흐르는 줄도 모르고 민숙이의 노래를 다 듣고 있었다.

"민숙아, 이 노래 정말 잘 골랐구나. 이 노래는 이제부터 네 노래다. 이 노랫말은 너에게 딱 들어맞는 거야. 그런데 여기에 한 가지 추가할 것이 있다."

"무엇인데요?"

"아, 그것은 말이야. 너는 믿음의 기도를 해야 하지 않니? 그래서 너의 기도에 맞는 찬양 한 가지를 가르쳐 줄 터이니 이 찬양도 늘 부르고 생활하렴. '능하신 주의 손' 이라는 찬양곡이란다. 여기 악보가 있다. 병든 자를 위해 내가 잘 불러주는 찬양이란다. 네가 가사를 지금 읽어 봐."

우리 주님의 손길 닿는 곳에
나사로가 다시 살아나듯
죄로 죽게 된 영혼 건져 내사,
다시 살리신 내 주의 손
능력의 보혈 흐르는 손,
죄로 죽게 된 우리 구원 얻네.
병든 자 주께 찾아오면 깨끗함을 얻네.

뭇 생명 살린 능하신 주의 손,

영광 중에 계신 주여!

노랫말을 읽고 난 후 민숙이는 이 노래도 자기에게 적합한 찬양이라면서 빨리 배워 늘 이 두 가지의 노래를 입에 달고 살겠다고 다짐했다.

민숙이는 고등학교를 졸업하고 난 후 아동복지법에 따라 시설에서 퇴소하여 사회에 내 몰리게 되었다. 나는 마음이 너무 아팠다. 부모가 있고, 대학을 졸업한 건강한 청년들도 자립하기 어려운데 고질병을 가지고 있는 민숙이를 18세가 되었다고 퇴소 시킨다는 현실 앞에 엄청난 좌절감을 느꼈다.

이러한 모순을 해결하기 위해 2006년도 내가 한국아동복지협회 정책위원장을 맡았을 때, 나는 황용규 회장과 이창복 사무총장과 더불어 아동복지법 시행령 개정안을 직접 만들어 보건복지부 관계자들을 설득하는데 성공했다. 이 법이 2007년 3월 27일 공포되어 대학 합격자에게는 졸업할 때 까지, 기술 취득을 위해 학원에 등록할 경우 2년, 지능지수가 경계선 아동은 만 24세까지 시설 퇴소가 유예되었으며, 자립전담요원 1명도 배치되어 시설 아동 자립에 크게 기여하게 되었다. 민숙이는 이 제도의 혜택을 받지 못한 셈이다.

민숙이는 사회에 나가 열심히 일했다. 처음에는 식당의 아르바이트 일로 생계 문제를 해결했다. 어떤 때는 편의점, 어느 땐 옷가게, 또는 미용실, 핸드폰 가게 등을 전전했다. 그의 고질병이 한 곳에 오래 머물 수 없게 했다. 민숙이는 간호조무사 학원에 등록하여 자격증을 취득했다. 병원에 취업하여 열심히 근무하다가는 발작 증세가 일어나면 그만 두곤 했다. 심지어 잘 사귀던 남자 친구도 이 병 때문에 결별 했다고 한다. 그럴 때마다 민숙이는 나에게 전화로 울면서 하소연 했다.

"아빠, 난 어떻게 해야 하나요. 하나님이 내 기도에 귀를 막고 계신가 봐요. 이젠 정말 지쳤어요. 점점 자신이 없어지는 것 같아요."

"민숙아! 너 마음 약해졌구나. 다시 시작하는 거야. 힘내. '거위의 꿈' 노래하기, 그리고 '능하신 주의 손' 찬양하기를 계속하면서 기도하자. 나도 새벽예배에 나가 너를 위해 기도하고 있단다. 너를 고쳐 주실 때가 반드시 온다는 믿음을 가져야 해. 알았지!"

희망과 좌절이 교차하면서 26살이 되던 해, 민숙이의 꿈은 현실로 다가오고 있었다. 2007년 봄, 약 처방 때문에 민숙이를 데리고 충남대학병원에 다녀온 간호사 김영희 선생님이 희망적인 보고를 했다.

"원장님, 병원 과장님께서 요즘은 의학이 발달해서 간질병도 뇌수술로 고칠 수 있다고 하는군요. 그런데 수술비가 1500만원은 들 거랍니다. 만일 민숙이가 수술로 치료를 하려고 한다면 서울대학병원 담당 의사에게 잘 부탁해 주겠답니다. 10명을 수술하면 7명은 고쳐진다는군요."

나는 이 보고를 듣고는 수술하는 방법으로 민숙이의 병을 고쳐주기로 결심했다. 비용 마련의 방법도 준비되어 있던 시나리오처럼 생각이 정리되는 것이었다. 먼저 서울 무교동에 있는 어린이재단 김석산 회장을 찾아가 민숙이의 간절한 소망을 이루어 달라고 간청했다. 김 회장은 담당 본부장과 협의한 후, 사랑의 리퀘스트 기금으로 치료비의 절반정도는 도와주겠다는 확답을 해 주었다. 나는 이 대답을 듣는 순간 "오, 하나님 감사합니다. 나의 기도를 응답해 주시는군요."라고 하나님께 영광을 돌리면서 김 회장님과 담당자에게 몇 번이고 감사의 인사를 한 후 사무실을 물러나왔다. 밖으로 나와 무교동 거리에서 어린이재단 빌딩을 바라보니 얼마나 아름다워 보이는지 형언할 수 없었다. 나는 서울시청 앞을 걸으면서 우리 시설 이사인 한국도자기 연희센터 김영은 사장님에게 보고하였더니 "원장님, 나도 도울 것이며 저의 어머님도 도와주실 것입니다. 걱정 말고 수술을 추진하세요."라는 대답을 얻고는 공중으로 붕 떠오르는 것 같은 기쁨으로 충만했다. 나는 즉각 민숙이에게 전화했다.

"민숙아! 수술비가 마련되었다. 하나님께서 너의 간절한 소원의 기도를 응답해 주신 것이다."

"아빠, 감사해요. 저를 위해 수고해 주신 은혜 하나님 다음으로 감사해요. 이젠 제 병은 고칠 수 있는 거죠? 거위처럼 하늘을 날 수 있는 거죠. 아빠…….”

민숙이는 말을 계속하지 못하고 울고 있었다.

나는 다음 날 간호사를 충남대학병원에 보내 서울대학병원으로 진료를 의뢰하는 소견서를 받아 오도록 하여 절차를 진행했다. 수차례의 검진과 수술 일정을 잡는데 거의 1년여가 소요되었다.

2010년 8월 30일 드디어 수술 날짜가 되었다. 수술실로 들어가는 시간이 오전 7시 30분이어서, 나는 7시에 민숙이의 침대 옆에 앉아 담대한 마음을 갖도록 이사야서 41장 10절의 말씀, “두려워 말라 내가 너와 함께 함이니라, 놀라지 말라 나는 네 하나님이 됨이니라, 내가 너를 굳세게 하리라 참으로 너를 도와주리라. 참으로 나의 의로운 오른 손으로 붙들리라.”라는 말씀으로 위로하고 하나님이 고쳐 주실 줄 믿으라고 권면했다. 또한 우리 예수님은 능하신 손이시라 병든 곳을 만져주시면 고침 받는다는 믿음을 가지라고도 했다. 나는 수술하는 동안 ‘능하신 주의 손’이라는 찬송을 수술실 앞에서 계속 부르며 기도할 것이라고 이야기 해주었다. 그동안 원망했던 것, 다른 사람을 미워했던 마음들 다 용서해 달라고 기도해 주었다.

민숙이는 예수님 마음을 닮을 것이며 고쳐 주실 것도 믿는다고 대답한 후 수술실로 들어갔다. 그의 이슬 맺힌 커다란 눈동자와 마주칠 때 내 눈가에도 눈물이 흘렀다.

‘민숙아! 27년 동안 거품 물고 쓰러져 허우적대던 지나온 날들을 어떻게 참아왔니? 남들이 수근 대고 지랄병자라고 네 곁을 떠나갈 때 얼마나 좌절감에 마음 아팠겠니? 왜 나는 이런 몹쓸 병을 가지고 태어났단 말인가? 하고 부모를 원망하고 미워도 했겠구나.' 이런 생각을 하니 참으로 불쌍하기 그지없었다. 수술하면 고칠 수 있는 확률이 70퍼센트라 하여 서울대학병원 문을 두드린 결과 많은 비용도 절감 받을 수 있게 되었고, "사랑의 리퀘스트"로부터 도움도 받게 되어 이렇게 수술을 받게 되니 감사하고 감사할 뿐이었다.

정각 8시가 되자 대기실의 전광판의 수술자란에 '이민숙'이라는 이름 세 글자가 뜨기 시작했다. 나는 이때부터 '주님, 민숙이를 불쌍히 여겨 주셔서 이번 수술로 이 무섭고 괴로운 병에서 해방 되어 훨훨 날고 싶다는 꿈을 이루어 주시옵소서. 수술하는 의사들의 손을 잡아 주시옵소서.' 하고 기도하면서 '우리 주님의 손길 닿는 곳에 나사로가 다시 살아나듯'으로 이어지는 찬양을 흥얼거리는 음성으로 계속 반복하여 부르기도 하고 수술실 앞과 복도를 거닐면서 기도했다.

오후 1시 17분에 수술이 끝나 중환자실로 옮겨졌다. 나는 2시 30분에서야 중환자실에 들어갈 수 있어 달려가 보았더니 의식이 돌아오기 시작했고 이어서 CT촬영 결과 수술이 잘 되었다고 하므로 할렐루야 부르며 감사기도를 했다.

이제 민숙이는 고질병에서 해방되었다. 18개월이 지난 지금까지 한 번도 발병하지 않았다. 마음 졸이고 조마조마하면서 살던 부자유에서 자유함을 얻은 것이다. 하나님은 민숙이를 통해 "환난

날에 나를 부르라 내가 너를 건지리니 네가 나를 영화롭게 하리라(시편50:15).” 하신 말씀을 이루어 주셨다. 그녀는 열심히 주를 섬기면서 주님의 도우심을 간증하면서 살고 있다.

민숙이는 ‘내 가슴 깊숙이 보물과 같이 간직했던 꿈’ 을 이루어 남들의 비웃음 자신의 절망감을 훌훌 벗어 던지고 저 하늘을 높이 날고 있다. 그의 매일 매일의 삶은 그동안 도움을 주신 분들과 하나님께 감사한 마음으로 가득 채워져 있다.

> 주여, 내 아들을 불쌍히 여기소서. 그가 간질로 심히 고생하여 자주 불에도 넘어지며 물에도 넘어지는지라, 내가 주의 제자들에게 데리고 왔으나 능히 고치지 못하더이다. 예수께서 대답하여 가라사대 믿음이 없고 패역한세대여 내가 얼마나 너희와 함께 있으며 얼마나 너희에게 참으리요. 그를 이리로 데려오라 하시니라. 이에 예수께서 꾸짖으시니 귀신이 나가고 아이가 그 때부터 나으니라(마태복음 17:15-18).

꿈과 희망의 불 지펴주기

2007년 12월 6일 아침, 중앙지와 지방지를 읽는 중에 두 개의 기사가 내 눈에 들어왔다.

하나는 상고를 나와 변호사 사무실에 근무하다가 사법시험공부를 하여 드디어 금번 제49회 사법시험 합격자 명단에 이름을 올린 양선화 씨에 대한 이야기이고, 다른 하나는 보육원에서 중고등학교를 졸업하고 사회로 나와, 천신만고 끝에 대학을 졸업하고, 힘겨웠던 보육원 시절부터 꿈꾸어 오던 법조인의 꿈을 이번 사법시험 합격으로 이루게 되었다는 한갑수 씨라는 인물에 대한 기사였다.

나는 이 기사를 어제 저녁 수요예배 후 광고 시간을 통해 우리 아이들에게 소개 했다. 동일한 환경에서 살고 있는 우리 아이들에게도 도전이 되기를 바라는 마음이었다. 실업계 고교를 다닌다 해도, 좋은 가정환경이 아니어도 꿈을 품고, 그 꿈을 이루기 위해 끊임없이 노력하면 이루지 못할 일이 없다는 사실을 깊이 깨닫기를 간절히 바라는 마음으로 이 메시지를 전달했던 것이다.

부디 두 분들, 훌륭한 법조인들이 되어, 어려운 환경에 있는 많은 청소년들에게 희망을 주는 모델이 되기를 바라는 마음을 그들에게 전하고 싶었다.

나는 이틀 후 에덴보육원 노동익 원장님으로부터 한갑수 씨를 축하하는 자리에 초청을 받고 고속도로를 달려 연무읍에 위치한 보육원을 다녀왔다. 오늘이 있기 까지 신앙으로 길러낸 노봉욱 이사장님, 노동익 원장님, 전도사님, 당시 직접 보육을 담당했던 선생님들의 얼굴에는 감사함과 흐뭇함이 가득했다. 논산 시장님, 검찰청 논산 지원장님, 도지사사모님, 학교교장선생님들이 축하와 격려의 인사를 했다. 또한 꿈을 실현한 한갑수 씨와 뒷바라지를 하며 수고와 기도로 후원한 그의 부인에게 진심으로 축하하는 자리가 되었음을 확인할 수 있었다.

나는 다시 고속도로를 이용해 돌아오면서 우리 하늘동산 아이들도 열심히 노력하여 훌륭한 인물이 계속 나오기를 기도했다. 그래도 금년 초 공무원 9급 시험에 합격한 혜숙이가 내 마음을 기쁘게 하고 있음을 느꼈다. 이제 2주 후로 그의 결혼일이 다가오고 있다. 사랑하는 아버지의 간절한 심정으로 기른 딸의 손을 붙잡고 웨딩 마치 피아노 소리를 들으며 천천히 걸어 입장하는 모습을 상상해 보았다. 그리고는 하늘을 향해 소리쳐 보았다.

'한갑수씨! 훌륭한 법조인이 되어 양육시설아동들의 표상이 되어야 합니다! 절대 시설에서 자란 것을 부끄럽게 생각하지 말아

주십시오. 한갑수 형제여! 그동안 고생 많았습니다. 수고했습니다. 야베스와 같이 존귀한 인물 되십시오.

그를 사랑으로 길러주신 노봉욱 이사장님! 그리고 노동익 원장님! 수고 많이 하셨습니다. 하나님의 큰 상급 있을 줄 믿습니다.'

나의 생각 속에는 우리 아이들에게 어떻게 해야 희망찬 꿈을 소유하게 할 수 있을까 하는 마음으로 가득했다. 그래서 나는 2008년도 시무식에서 다음과 같은 신년 인사를 했다.

"사랑하는 종사자 여러분! 자존감이 부족하여 자포자기 하거나, 패기가 부족한 우리 아이들에게 '꿈과 희망의 불을 지펴주는 해' 가 되도록 노력 합시다.

우리는 우리 아이들에게 이곳에서 영적 바탕 위에 몸과 마음과 정신과 지적 능력을 쌓으면 반드시 성공할 수 있다는 희망의 불을 지펴 줍시다. 하늘동산, 한빛어린이집은 좋은 양육시설, 좋은 보육시설이 되어야하며, 이들을 지도하는 우리는 부족함이 없는 지도자가 되어야 합니다. 우리가 먼저 영성과 지성을 갖춘 훌륭한 지도자들이 되어야 합니다.

첫째 아이들을 위해 기도하는 지도자가 됩시다.

둘째 아이들에게 꿈을 심어주는 메신저가 됩시다.

셋째 우리 아이들이 갖추어야할 인성으로 효 예절, 자율, 나눔, 끈기, 화해, 배려를 지도하여 반듯한 성품으로 교육합시다.

넷째 근면 성실하면 반드시 성공할 수 있다는 희망을 심어 줍시다."

하늘소리 오케스트라 연주회

2008년 11월 8일은 우리의 희망, "하늘소리 오케스트라"가 지난 해 3월 1일 창단 이후 세상에 나가 처음 공연한 날로 기록될 것이다. 그동안 지휘자를 찾지 못해 제대로 연습을 못했는데 여름방학부터 홍순구 선생님의 희생적인 지도를 받아 금번 제4회 꿈나무 종합예술제 마지막 순서로 멋지게 대미를 장식했던 것이다. 우리 단원들은 대전시청 대강당을 가득 메운 청중들로부터 우레와 같은 박수갈채를 받았다.

많은 사람들로부터 "원장님, 언제 이렇게 훌륭한 오케스트라를 만들었습니까? 참 연주가 훌륭했습니다."라는 인사와 함께 칭찬의 소리를 듣고 보니 너무도 즐거웠다. 특별히 이날 시장 상을 받은 백석대학교 이계능 교수님은 칭찬을 아끼지 않았다.

"원장님, 정말 훌륭한 연주였습니다. 금번 겨울 방학 캠프에 오케스트라를 초청해도 되겠습니까?"라고 초청을 받았었지만 아직 실천을 하지는 못했다.

우리 아이들이 음악을 통하여 정서가 순화되고 음악 예술에 깊은 소양을 쌓는다면 얼마나 인생을 살아가는데 청량제가 되겠는가. 나는 집에 돌아와 단원들을 만날 때 마다 머리를 쓰다듬어 주면서, "야! 너 멋졌어. 정말 연주 잘 했어."라고 칭찬해 주었다.

"송건영! 너는 악장으로서 아주 의젓하더구나. 계속 열심을 다해라. 앞으로 음악가의 꿈을 가지고 더욱 노력해 보아라."

나는 이렇게 칭찬에 칭찬을 거듭해 주었다. 또한 심혈을 기울여 지도해 주신 홍 선생님께도 감사한 마음을 전했다. 우리 선생님들도 힘차게 격려해 주었다.

"하늘소리 오케스트라 단원들아! 참 잘했어! 너희들은 우리들의 희망 이란다!"

사실 우리는 하나님께서 찬양 받으시려고 지으신 존재임을 알아야 한다. 그래서 시편 기자는 "나팔 소리로 찬양하며 비파와 수금으로 찬양하라(시150:3)."고 했으며 "춤추며 그의 이름을 찬양하며 소고와 수금으로 찬양하라(시149:3)."고 권고했다. 그뿐 아니라 자기 자신이 드리는 찬양을 기록하고 있다.

"나의 하나님이여! 내가 또 비파로 주를 찬양하며, 주의 성실을 찬양 하리이다. 이스라엘의 거룩하신 주여! 내가 수금으로 주를 찬양 하리이다." 라고 하면서 자신이 악기를 이용하여 하나님을 찬양한다고 하였다.

그러므로 우리 아이들이 각종 악기로 하나님을 찬양할 때 하나님은 얼마나 기뻐하시겠는가. 말로 형용할 수 없는 하나님 찬양이 되는 것이다.

그 후 우리 오케스트라는 2010년 4월 27일 평송 청소년문화센터 강당에서 제1회 정기 연주회를 개최하였다. 46명의 우리 해군 장병들이 전사한 천안함 폭침 사건으로 온 국민이 슬퍼하던 시기여서 연주회 개최가 매우 조심스러웠다. 그래서 나는 중도일보 칼럼을 통해서 연주회를 개최하는 의미를 다음과 같이 피력하기도 했다.

1948년 노벨 문학상을 수상한 영국의 시인 T. S 엘리엇(Eliot)은 1922년 작품인 '황무지(The Waste Land)' 에서 '4월은 잔인한 달(April is the cruelest month)' 이라고 했다. 그는 이 시에서 황무지란 정신적 메마름, 인간의 일상적 행위에 가치를 주는 믿음의 부재, 생산이 없는 성(性), 그리고 재생(再生)이 거부된 죽음에 비유하려했다.

우리는 지금 잔인한 4월을 보내고 있음을 실감한다. 20여 일 동안 백령도 앞바다에 침몰해 있던 천안함의 함미가 갈기갈기 찢겨진 채 수면 위로 떠오르고 그렇게도 살아 귀환하기를 염원했던 얼굴들이 주검으로 나타나자 대한민국은 통곡했다. 나는 충직하게 우리 바다를 지키던 천안함 해군용사들이 태극기에 감싸인 채, 함대사령부 안치실로 운구 될 때 마다 오열하는 유가족들의 애절한 통곡 소리에 눈물이 흐르곤 했다. 특별히 아버지를 잃은 어린 자녀들을 생각하니 더욱 그러했다. 나는 어린아이들에게 아버지 없는 슬픔이 얼마나 큰 것인지 너무나 잘 알기 때문이다. 실종된 최한권 상사의 8살 외동딸 최 모 양이 더 이상 볼 수 없게 된 아빠에게 보낸 마지막 편지에서, "아빠, 이렇게 보내서 미안해.", "아빠 나야, 많이 춥지? 그래 아빠 사랑해, 아빠 기다려 내가 올 때까지 꼭 기다려."라며, 사랑하는 아빠를 잃은 슬픔을 적어 내려간 사연에 가슴이 너무도 아려온다.

그러므로 가정이 해체되어 부모와 함께 살지 못하고 시설에서 양육 받아야 하는 아동 · 청소년들은 마음 한 구석에 항상 상실감을 지니고 살고 있는 것이다. 이런 상실감이 분노나 적대감으로 변형되지 않고 안정된 정서를 유지할 수 있도록 시설의 지도자들은 다양한 프로그램들을 활용하여 부단히 애쓰고 있다. 음악을 통한 정서지도는 대단히 좋은 방법의 하나다.

거친 성품을 치유하기 위해 31년 전, 미국인 고 몬시뇰 신부가 '부산 소년의 집'에 오케스트라를 창단한 것은 그런 맥락에서일 것이다. 지난 2월 11일 미국 뉴욕 맨해튼에 있는 세계적인 공연장 카네기 홀에서 그들이 세 차례의 커튼콜을 이끌어 내면서 성공적인 공연을 이룩했다는 뉴스를 보고 나는 엄청난 부러움과 함께 그들의 쾌거에 힘찬 박수를 보낸바 있다. 이제 세계적인 지휘자 정명훈 씨와 그의 아들 정민 씨가 지도하고 있으니 더욱 발전하리라 믿는다. 이번 경험으로 그들은 일생동안 대단한 자부심과 긍지를 가지고 살아갈 것이다.

우리 시설은 2년 전 25명의 아이들로 관현악 합주단, 〈하늘소리 오케스트라〉를 창단했다. 나는 우리 아이들도 언젠가는 부산소년의 집 아이들의 기량을 발휘할 날이 오리라 확신하고 오는 24일 평송 청소년문화센터에서 연주회를 개최할 예정이다. 요즘 매일 저녁 지휘자 홍순구 씨의 지도에 아이들은 연습에 연습을 거듭하고 있다. 동물들을 주제로 작곡된 '동물의 사육제' 를 연주할 때는 각 동물의 특성을 악기로 표현할 수 있다는 사실에 몹시도 신기해하는 모습이다. 바이올린을 연주하는 초등학교 5년생 막내 송현준 군과 이상준 군은 연습하기 힘들지만 참 재미있어 한다. 중2년생 박준 군은 앞으로 음악가가 될 자질을 인정받게 되었다.

이번 음악회는 후원자들과 자원봉사자들을 비롯하여 기관 단체들과 시민들에게 그동안 도움에 감사하며, 시설 아이들이 바람직한 인격과 건강한 민주시민으로 성장하고 있음을 보여주기 위함이다.

관현악 합주는 지휘자의 지시에 한 치의 오차도 없이 연주를 해야 한다. 연주자들 모두가 한 마음이 되어 조화를 이룰 때 가장 아름다운 소리가 나는 것이다. 우리 아이들의 이번 연주는 미흡한 수준이지만 연륜을 쌓아 가면 이러한 높은 경지에도 오를 수 있을 것이다.

4월은 정말 잔인한 달인가! 금번 희생자들을 구하려다 숨진 고 한주호 준위를 비롯한 38명의 전사자, 8명의 실종자들은 가족들과 온 국민들의 가슴속에 큰 슬픔을 주었지만, 결코 헛된 희생이 아니었으며 또한 그들의 희생은 더 강한 우리 군을 만드는 초석이 될 것이다. 하늘동산 친구들도 모든 희생자 유가족들에게 위로와 격려의 마음을 음악으로 전하고자 한다.(중도일보 칼럼 2010. 4. 22)

이날 연주회 순서 중에 나는 독창으로 두 곡을 불렀다. 슈베르트 곡 '합창 속의 천사들(Mille Cherubini in Coro)'과 우리 가곡으로 윤용하 곡 '보리 밭'이었다.

나는 청소년 시기 때부터 성악을 좋아했지만 전문 성악가에게 배워본 경험이 전혀 없었다. 다행히 몇 년 전 한밭대학교 고 이시웅 교수님의 안내로 성악선교대학에서 벨칸토 창법의 대가이신 김종권 학장님을 만나 벨칸토 발성법으로 성악을 공부하고 있다. 더욱이 우리 단원들의 반주로 노래를 불러 더욱 의미가 있었다. 앞으로 더욱 성악 공부를 하여 다음에는 더욱 좋은 연주를 하려고 한다.

제1회 연주회는 성공적이었다. 2곡을 마친 후 홍순구 지휘자는 "이제 겨우 1, 2년 밖에 연습하지 않은 아이들로서는 기적 같은 연주를 하는 것입니다."라고 말하자 우레 같은 박수가 나왔다. 계속되는 연주에 모든 관객들이 조용히 경청했다. 조그마한 초등학생들이 끼어 있는 합주단이 저렇게 잘 할 수 있단 말인가 의아해 하는 분위기였다.

시장 사모님은 처음부터 참석하여 박수를 보내 주었고, 한맥 도시개발 류시문 회장님은 서울에서 아들과 함께 참석하여 음악회를 관람해 주었다. 너무도 감사했다. 2부 순서가 시작되면서 김신호 교육감님이 입장하여 마지막 순서까지 감상하고 아이들과 기념사진까지 촬영해 주었다.

"얘들아, 내가 교육감인데, 너희들 정말 연주 잘했다. 배운 경력이 아주 짧았다는데 정말 나는 감동했다. 앞으로 더 열심히 연습하여 훌륭한 오케스트라를 만들어라."고 격려해 주었다.

아이들은 "감사합니다. 교육감님, 열심히 하겠습니다."하고 인사를 했다. 연주회를 마치고 로비에서 관객들에게 참석해주어 고맙다는 인사를 하자 그들은 이구동성으로 칭찬의 말을 아끼지 않았다.

"정말 감동 받았습니다. 앞으로 기대됩니다." "종사자들의 일사분란한 협동심과 아이들을 사랑하는 모습이 역력하게 보입니다." "원장님의 독창에 깜짝 놀랐습니다. 목소리가 정말 아름다웠습니다."

이러한 평가를 받았지만, 나는 나의 독창에 대하여는 대단히 불만족이었다. 내 수준을 알기 때문이다. 내 기량을 잘 발휘하지 못했다는 자책감이 떨쳐지지 않았다. 지금 현재의 단점은 바리톤에서 테너로 변경하면서 높은 음정을 발성하면 음이 갈라지는 현상이 종종 나타나기 때문이다. 앞으로 이것을 극복해야하는 과제를 가지고 있는 것이다.

하여튼 많은 관객이 방문해 주지는 못했지만 우리 음악회는 시원스럽게 마무리하게 되어 감사하고 기쁘기 그지없다. 여러 시설장님들이 참석해 주어 자리를 빛내준 일에 대하여 대단히 고마웠다.

혼신을 다하여 단원 한 사람, 한 사람을 철저히 지도해 주시는 홍순구 지휘자님과 사모님 그리고 자원봉사로 지도해 주시는 분들에게 진심으로 감사했다.

희망을 주고 행복을 주자

보건복지가족부는 지난 2008년 10월 27일 아동복지법 정부개정법률안을 입법예고했다. 그 개정 이유는 사회투자정책의 핵심인 아동과 청소년에 대하여 통합적 복지 서비스 제공을 위한 추진체계를 공급자 중심에서 수요자인 아동 · 청소년 중심으로 전달체계를 정비하고, 특별히 보호가 필요한 이들에 대하여 실효성 있는 복지지원서비스를 제공하기 위하여 아동복지법과 청소년복지지원법을 체계적으로 통합하기 위함이라 하였다.

아동과 청소년은 우리의 미래요 희망이다. 특별히 우리들은 아동들을 꽃이나 꿈나무라고 표현하기도 한다. 이들은 무한한 가능성을 소유하고 있는 존재이기 때문이다. 좋은 농산물은 옥토에 씨를 뿌려야 수십 배의 결실을 맺듯이, 우리나라의 미래를 짊어지고 갈 아이들에게 좋은 토양을 만들어 주듯 법체계를 잘 정비 하려는 것은 크게 환영할 일이다.

미국 대통령으로 당선된 버락 오바마가 복잡한 가정환경과 정체성의 혼란 때문에 방황하는 어린 시기를 거치면서도 환경적 열등감을 극복하고 세계인에게 희망을 상징하는 리더가 될 수 있었던 것은 개인의 특별한 의지 때문이기도 하겠지만 개인의 역량을 수용할 수 있는 국가와 사회적인 토양이 갖춰져 있다는 점이 큰 이유일 것이다.

우리들 주변에는 건강한 가정에서 희망을 가지고 행복하게 성장하고 있는 아동들이 있는가 하면, 가정이 해체되어 복지 시설에서 생활하거나, 가난의 대물림으로 열악한 환경조건에서 미래에 대한 희망 없이 살아가고 있는 아동들도 많이 있다는 사실은 우리들이 극복해야 할 과제라고 생각한다.

동년 11월 13일 충청남도가 '아동희망 프로젝트'를 입안하여 전문가 토론회를 통해 확정짓고 2013년까지 5년 동안 2010억 원을 들여 4개 분야 53개 과제를 추진한다는 보도에 감사한 마음 금할 수 없었다. 더욱이 '꿈과 희망 키워주기' 등 17개 과제에 265억 원을, 학습지원분야등 14개 사업에 465억 원을 배정했다하니 열악한 환경에서 살고 있는 아동들에게는 큰 희망과 행복을 주게 될 것으로 기대된다.

어린이 교양지 〈고래가 그랬어〉가 창간 5주년을 맞아 전국 24개 초등학교 4-6학년 1,496명을 대상으로 '얼마나 행복하냐? 고

질문한 결과 '행복하다' 라는 응답자가 절반도 안 되는 48퍼센트로 나타났다고 한다. 평소 상대적 빈곤을 느끼면서 생활하는 시설 아동이나 저소득층 아동들은 더 낮은 응답률을 보일 것으로 예상되는 대목이다.

국가와 사회는 모든 아동들이 미래에 대한 희망과 꿈을 가지고 성장하도록 최선을 다해 도와야 한다. 또한 일상생활이 즐겁고 행복하도록 배려하고 지원해야 한다. 이들을 위한 투자는 결코 소비가 아니고 생산성 비용임을 함께 인식할 필요가 있는 것이다.

잠자리에 누운 아이에게 어른은 "얘야, 잠들기 전에 오늘 하루 네가 한 일을 반성해 보아라."고 말하면 아이는 "난 내일 뭘 하고 놀까 생각하다 잠들고 싶어요."라고 대답한다고 한다. 어른들은 지나간 일에 미련이 많지만 아이들은 앞으로의 일에 관심이 많다는 이야기다. 이것이 우리가 아동들에게 희망을 거는 까닭이다.

대못의 환상

하늘동산 부설 한빛 어린이집에서 수 년 동안 저임금의 비정규직으로 근무하던 김 집사는 조리사 필기시험을 30회 만에 합격한 기록을 가지고 있다. 스물아홉 번 낙방 했을 때, 웬만한 사람이면 아마 포기 했을 일이다. 김 집사는 그동안 정부가 주방 조리원 인건비를 지원해 주지 않아 저임금으로 대우할 수밖에 없었던 형편을 잘 이해하고 묵묵히 자기 직무를 충실하게 수행해 왔다.

조리원 인건비를 농촌지역 시설에게만 지원하던 정부가 도시지역에도 지원하기로 방침이 정해져 김 집사에게 드디어 희망이 생겼다. 그러나 주방 근무자 인건비를 지원하되 조리사 자격을 갖춘 사람을 채용해야 한다는 조건이 붙었다. 김 집사는 자격증이 없으니 어떻게 한단 말인가. 15년을 저임금으로 일해 왔는데 말이다. 그동안 김 집사를 딸 같이 사랑하고 신앙지도를 해온 어린이집 원장 함 권사는 그를 위로하고 격려해 주었다.

"김 집사! 조리사 자격시험을 준비해 보자. 이 자리를 빼앗기면 얼마나 억울한 일이야. 그동안 쌓은 공력이 무너지는 거잖아."

김 집사는 고개를 푹 숙이고 힘없이 대답했다.

"원장님, 저는 자신이 없어요. 뭐 아는 게 있어야지유."

"그게 무슨 말이야! 예수님께 기도하면서 끈질기게 도전해 봐! 김 집사가 자격증 딸 때까지 기다려줄게. 오늘 당장 학원에 등록하고 공부하는거야. 알았지?"

김 집사는 자신이 없어 힘없이 대답했다.

"예, 원장님."

이렇게 하여 김 집사는 조리사 시험에 응시하기 위해 공부를 시작했다. 그는 학원에 다니면서 조리사 시험이 있을 때마다 응시하였으나 번번이 낙방하고 돌아왔다.

"원장님, 또 떨어졌어요. 전 도저히 못하겠어유."

그러나 함 원장은 한 번도 꾸지람이나 비웃지 않았다. 어깨를 축 늘어뜨리고 돌아오면 커피 한 잔을 준비해 주면서 격려했다.

"괜찮아, 낙심하지 마. 포기하지 말라구. 김 집사는 꼭 합격할 수 있어. 예수님께서 구하는 자에게 주신다고 하셨잖아."

낙방 횟수가 점점 증가했다. 주위 사람들은 김 집사는 불가능하다고 했다.

"원장님, 김 집사는 죽었다가 깨어나도 못해요. 기다리지 말고 하루라도 빨리 자격증 있는 사람을 채용하세요. 언제까지 기다려 주려고 그러세요."

"아니에요. 하나님께서는 세상 물정 아무것도 모르지만 예수님만 바라보고 교회밖에 모르는 충성된 김 집사를 불쌍히 여기셔서 때가 되면 합격할 수 있게 하실 거예요. 하나님은 세상의 미련한 자들을 택하사 지혜 있는 자들을 부끄럽게 하신다고 하셨어요.(고린도전서 1:27)"

사실 함 원장은 김 집사가 비록 미련해 보이고 약한 자 같이 보여도 하나님이 사랑하는 딸이므로 그를 통해 지혜로운 자와 강한 자들을 부끄럽게 하실 수 있다는 사실을 입증해 주실 것을 위해 중보기도하고 있었다.

우리는 김 집사가 어려서 하늘동산 가족이었기 때문에 합격하도록 격려하면서 계속 기도해 주었다. 가로 세로도 잘 이해하지 못하는 그녀에게 조리사 자격시험에 합격한다는 것은 대단히 힘겨운 일임에 틀림없다.

김 집사는 번번이 낙방했지만 끈질기게 공부하면서 그 자신도 하나님께 기도했다. 믿음이 좋은 김 집사는 직장과 가정과 교회밖에 몰랐다. 얼마나 정직한지 남은 음식도 집에 가져 가 식구들 먹이라고 원장이 주기 전에는 마음대로 가져가는 일이 없다. 김 집사는 쉬지 않고 기도했다. 낙망하지 않고 기도했다. 스무 번째 낙방할 때부터 희망이 보이기 시작했다. 60점 만점에 40점을 얻더니 점점 점수가 높아지는 것이었다. 56점 58점까지 올라갔으나 안타깝게도 60점을 넘지 못하는 것이다. 우리는 그녀가 시험에 응시하러 갈 때마다 마음을 졸이며 기다렸다.

스물아홉 번 낙방하고 30회째 시험이 있기 전날 밤, 김 집사는 꿈속에서 예수님을 만났다. 교회 기도실에서 기도하다가 잠이 들었는데 앞 쪽에서 빛이 환히 비취는 것이었다. 그곳을 바라보았더니 예수님이 빙그레 웃으면서 앉아 있었다. 김 집사는 순간적으로 예수님께로 달려가 매달려 애원했다.

"예수님, 저 합격할 수 있게 해주세요. 제 소원이에요. 저는 주님을 간증 하고 싶어요."

김 집사의 이러한 애원에도 예수님은 빙그레 웃으며 아무 말도 하지 않았다. 김 집사는 잠에서 깨어 확실한 대답을 듣지 못해 서운한 마음으로 "예수님, 대답 좀 해 주세요."하며 다시 기도하다가 또 잠이 들었다. 다시 꿈 중에 누군가 잘 모르겠지만 흰 옷 입은 사람이 김 집사 앞에 나타났다. 그 사람은 오른 손에 피가 묻은 큰 못을 들고 있었다. 그리고는 큰 소리로 말했다.

"사랑하는 딸아! 이것은 십자가에 예수님을 못 박는데 사용했던 못이란다."

이 말을 하면서 김 집사 앞에 그 못을 팍 꽂아 놓고 사라졌다. 깜짝 놀라 화들짝 일어나 사방을 살펴보았으나 아무도 없었고 어두움만 가득한 한 밤 중이었다.

김 집사는 아침 일찍 출근하여 함 원장에게 다짜고짜 질문부터 했다.

"모시 무어지유?"

"모시 뭐라니, 그게 무슨 말이야? 잘 말해봐."

"글쎄, 모시 뭐에유?"

"참 답답하구나. 여름에 입는 모시 옷 말이야?"

"그게 아니구유"

"그럼 벽에다 박는 못 말이야?"

"예 예. 그것 맞아유. 못 말이어유."

김 집사는 지난 밤, 꿈 중에 있었던 이야기를 했다. 함 원장은 하나님께서 순진무구한 김 집사를 사랑하심을 확신했다.

"김 집사, 그 꿈은 오늘 시험에 반드시 합격한다는 하나님의 응답이야. 주님을 십자가에 박았던 그 못을 네 앞에 꽂아주셨으니 그 보다 더 확실한 증표가 어디 있단 말이냐. 더구나 큰 못은 한 번 박히면 뽑아내기 어려운거야. 합격 한다는 확답인 거야. 믿기만 하면 돼. 알았지? 어서 큰 소리로 아멘 할렐루야 해봐!"

"아멘! 할렐루야!"

함 원장은 시험에 응시하기 위해 출발하기 전 김 집사를 위해 다시 기도해 주고 격려의 말을 잊지 않았다.

"김 집사, 걱정 하지 마. 두려워하지 마. 하나님이 너를 도우시는 거야. 십자가의 대 못을 김 집사 앞에 팍 꽂아 주셨으니 이번엔 꼭 합격할 수 있어."

정말 그날 김 집사는 30번 만에 조리사 자격시험에 합격했던 것이다. 시험에 도전한지 5개 월 만이었다. 합격증을 가지고 돌아오자 함 원장은 김 집사를 얼싸 안고 "할렐루야!"를 외치며 기뻐해 주었다.

"할렐루야! 하나님께 영광! 하나님 감사합니다. 하나님, 김 집사가 자격증을 얻었습니다. 주님이 도와 주셨습니다. 참으로 감사합니다.”

얼마나 끈질긴 도전인가? 정말 김 집사의 합격은 기적 같은 놀라운 사건이었다. 사실은 기적이 아니라 하나님의 도우심이었던 것이다.

그녀의 지적 수준으로 볼 때, 여러 가지로 부족하여 도저히 합격할 수 없는 형편이었으나 합격한 것이다. 김 집사는 불의한 재판관일지라도 끈질기게 그리고 번거롭게 구하면 원한을 풀어주는 것처럼 하나님께서 밤낮 부르짖는 택하신 자들의 원한을 풀어 주신다는 말씀을 실증한 셈이다.

그리고 예수님이 말씀하신 성경이 또 있다. 역시 누가복음 11장 1절부터 13절까지에 밤늦게 찾아 온 친구를 위하여 이웃집에 떡 세 덩이를 빌려달라고 강청했더니 소용대로 받았다는 이야기이다. 자기 쾌락을 위하여 구하는 것은 응답 받지 못하지만 선하게 간구하는 기도는 하나님께서 응답해 주신다는 사실을 김 집사의 사례를 통하여 확신할 수 있는 것이다. 합격하도록 기도와 격려 그리고 5개월 동안 기다려준 함 원장의 수고도 하나님께 칭찬 받을 만한 일이 되었다.

김 집사의 조리사 자격증 시험은 여기서 끝난 것이 아니었다. 이제 실습 시험에 응시해야 했다. 응시하던 날 아침 어린이집 모든 직원들이 김 집사를 배웅하며 격려했다.

“집사님! 단번에 합격하세요! 집사님 파이팅!”

이날 김 집사는 실습에서는 정말 단번에 합격하고 돌아 왔다. 똑똑한 사람에게는 영양사가 아닌 조리사 자격을 취득하기란 그리 어려운 일이 아니지만 김 집사에게는 조리사 자격증은 꿈같은 목표였다. 그러나 그는 끈질긴 노력으로 그 꿈을 이룬 것이다. 아주 값지게 이루어 낸 꿈이었다. 그로부터 김 집사는 임시직에서 정규직 자리를 얻어 더 많은 보수를 받으며 즐겁고 감사한 마음으로 성실하게 일하고 있다.

세상에는 목표 없이 방황하는 청소년들이 많다. 인터넷 중독에 빠지거나 아르바이트를 하여 얻어지는 수입은 유흥비로 낭비한다. 일터에서 조금만 어려워도 이를 참지 못하고 집어치우는 경우도 흔히 볼 수 있다.

나는 하늘동산 청소년들이 김 집사의 도전 정신을 본받기를 간절히 바라고 있다.

하나님께서 세상의 미련한 것들을 택하사 지혜 있는 자들을 부끄럽게 하려 하시고 세상의 약한 것들을 택하사 강한 것들을 부끄럽게 하려 하시며, 하나님께서 세상의 천한 것들과 멸시 받는 것들과 없는 것들을 택하사 있는 것들을 폐하려 하시나니, 이는 아무 육체라도 하나님 앞에서 자랑하지 못하게 하려 하심이라(고전 1:27-29).

내가 너희에게 말하노니 비록 벗됨을 인하여는 일어나 주지 아니

할 지라도 그 강청함을 인하여 일어나 그 소용대로 주리라(누가복음 11:8).

하물며 하나님께서 그 밤낮 부르짖는 택하신 자들의 원한을 풀어 주지 아니 하시겠느냐 저희에게 오래 참으시겠느냐(누가복음 18:7).

성공의 법칙, 마시멜로 이야기

사람들은 누구나 성공적인 삶을 누리고자 한다. 무엇이 성공이냐 하는 기준은 그 사람이 갖는 가치에 따라 다를 것이다. 옛날에는 부귀공명[富貴功名]을 성공의 기준으로 삼았다. 재산이 많고 지위가 높으며 공을 세워 이름을 떨치는 것이 최고의 성공으로 생각했던 것이다. 이러한 생각은 현대인들도 다를 바 없다고 생각되지만 자기가 추구하는 가치 실현도 성공으로 봐야할 것이다. 성공했다고 하는 사람들의 성공비결을 분석해 보면 반드시 자기의 목표와 계획이 설정된 후 그 위에 신념이나 신앙으로 무장한 남다른 노력이 있었음을 발견하게 된다.

클로드 브리스톨은 『신념의 마력』이라는 책에서 어떤 신념, 어떤 마음으로 사느냐에 따라 그 성장속도와 내용이 매우 크게 달라지는데, 모든 것은 신념에서 시작된다고 했다. 자신의 평소 신념이 자기의 잠재의식을 만들고, 그 잠재의식이 마음의 이미지를 그려내고, 그 그림이 곧 현실로 바뀌게 된다는 것이다.

구약성서 역대상 1장에서 9장까지에는 600여명의 인물들이 소개 되고 있다. 그런데 그 많은 사람들 중에 딱 한 사람이 존귀한 인물로 기록되어 있다. 야베스라는 사람이다. 그 어미가 수고로이 낳았다고 설명된 것을 보면 가난하고 이름 없는 가정에서 태어난 듯하다. 그러나 그가 신앙으로 갑절의 축복을 받은 대명사가 되었다.

뇌성마비 장애인 송명희 시인도 신앙으로 우뚝 선 사람이 되었다. 태어날 때 의사 실수로 뇌를 잘못 건드려 뇌성 마비가 된 그녀는 일곱 살 까지 꼼짝 못하고 누워만 있었고 열 살이 되어서야 겨우 숟가락질을 할 수 있었던 사람이다. 그녀의 아버지는 폐결핵 환자로 경제능력이 없어 가족들은 지하 단칸 어두운 방에서 하루하루 연명하는 처지였다. 그녀는 신앙으로 이를 극복하고 수많은 사람들의 심금을 울리는 많은 시를 만들어내고 있지 않은가. 대표적인 〈나〉라는 시에서 그녀는 자신은 남이 가진 재물도 지식도 건강도 없지만 남이 없는 것 가졌다고 노래한다. 자신은 남이 못 본 것 보았고, 남이 듣지 못한 음성 들었고, 남이 받지 못한 사랑 받았고 남이 모르는 것 깨달았다고 하면서 하나님은 공평하신 분이라고 노래한다. 그녀는 부자는 못 되었지만 시문학으로 성공한 사람이 된 것이다.

성공에 오르게 하는 또 다른 방법을 소개하고 싶다. 인내와 절제다. 아동기, 청소년기, 청년기를 살아가면서 인간은 수많은 유혹을 받고 살게 된다. 이것을 이기는 자가 성공한다는 사실을 증명한 책이 있다.

세계적인 베스트셀러 『마시멜로 이야기』 저자인 호아킴 데 포사다가 우리나라를 방문했다. 최근 '청소년을 위한 마시멜로 이야기' 를 펴낸 그는 한국에서 200만부나 팔리며 마시멜로 신드롬을 일으켰다. 『마시멜로 이야기』는 성공한 인물인 조나단이 자신의 운전기사에게 들려주는 재미있는 이야기를 통해 성공에 이르는 키워드를 하나씩 제시하는 자기개발서다. 제목은 미국 스탠퍼드 대학 연구진이 4세 어린이들을 대상으로 한 실험에서 따왔다. 연구진은 아이들에게 마시멜로 과자를 주면서 15분간 과자를 먹지 않고 참으면 상으로 과자 한 개를 더 주겠다고 제안했다. 그 결과 3분의 1은 참지 못했고, 나머지는 끝까지 기다려 상을 받았다. 그로부터 14년 뒤 연구진이 이 아이들을 추적한 결과 마시멜로의 유혹을 참아낸 아이들은 사회성이 뛰어난 청소년으로 성장했고, 그렇지 못했던 아이들은 쉽게 짜증을 내고 사소한 일에도 곧잘 싸움에 말려드는 유형의 인물이 되어 있었다는 것이다.

마시멜로법칙은 하루 한 개에서 시작해 한 달간 마시멜로의 수를 매일 배로 늘려 가면 30일 동안 5억 3,687만개의 마시멜로를 모을 수 있다는 것이다. 아동. 청소년들에게 밀려오는 유혹들 즉, PC게임, 가출, 도벽, 폭력행사, 금품갈취, 거짓말, 욕설, 흡연과 음주, 음란물, 왕따 행위 등의 횟수를 줄여가는 것도 마시멜로의 수를 늘려가는 수단이 된다. 공부 시간을 늘려가고, 용돈을 절약하여 저축하는 일, 자신의 특기 하나를 살려가는 일등도 성공의 마시멜로를 키워가는 방법이 되는 것이다.

나는 며칠 전 21명의 소년원생들이 꿈을 키워 당당하게 사회에 복귀하겠다고 몇 개 월동안 출소를 미루고 검정고시 준비를 위해 열심히 공부하고 있다는 신문보도를 읽은 일이 있다. 이들은 목적 없이 살던 생활을 용감하게 걷어 치워 버리고 인내와 절제를 실천하고 있는 셈인 것이다. 이들에게서 성공의 예감이 감지되는 것이다.

교육과학기술부가 집계한 2008년 2월말 현재 전국고교생 중 학업을 중단 자가 2만 5,249명이라고 발표했다. 이들 중 대부분이 사회적응과정 없이 사회에 내 몰리고 있다. 이들에게 마시멜로 법칙이 적용될 수 있다면 좋겠다. 또한 많은 사람들이 마시멜로 법칙으로 성공을 경험하게 되기를 간절히 기대해 본다.

고위공무원 승진 소식

지난 해 12월 16일 오전 10시경 내 스마트폰에서 넬라판타지아 멜로디가 울렸다. 오보에의 아름다운 선율을 듣느라 조금 늦게 전화를 받았다.

"예, 천양원장입니다."

"원장님, 저 이경수입니다."

"아! 경수라고. 반갑구나. 잘 지냈어?"

"예. 원장님은 건강하시지요? 저 이번에 고위공무원으로 승진했습니다."

"승진했다고? 축하한다. 정말 기쁘고 즐거운 소식이구나. 부이사관 승진 소식을 들은 지가 얼마 되지 않은 것 같은데…"

"원에 가까이 왔습니다. 인사드리려고 찾아뵈러 가는 중입니다."

"그래. 기다릴게, 어서 와"

잠시 후 그는 싱글벙글하는 웃음을 띠며 차에서 내렸다. 나는 너무도 기쁘고 반가워 그를 포옹하며 축하했다. 2년여 전에는 부이사관으로 승진했다는 소식을 가지고 찾아와 기뻐했는데 공무원으로서 최고 직급까지 올라갔으니 얼마나 자랑스러운 일인가.

우리 경수 씨는 8살 때 이곳에 들어와 살았다. 그의 아버지는 일찍 돌아가셨으나 할아버지가 한학자로서 이름 있는 분이셨기에 조부의 영향을 받아 근면하고 성실하였으며 탐구심이 뛰어나 초등학교 때부터 두각을 나타냈던 아이였다. 대전 효 교육센터 제10기 교육생으로 함께 공부하고 있는 당시 담임 정 선생님은 이 소식을 듣고 너무도 기쁘다고 했다. 그는 부단한 노력으로 당시 입학하기가 대단히 어려웠던 대전고등학교에 당당히 합격하여 우리 하늘동산 가족들이 얼마나 기뻐했는지 모른다.

그는 75년도에 이 학교를 졸업하였으나 당시 시설 경제가 너무 어려웠고, 고등학교 졸업 후에는 퇴소시켜야 하는 방침 때문에 대학 진학을 시켜줄 수 없었다. 그래서 경수 씨는 9급 세무직공무원 시험에 합격하여 장항에서 공무원생활을 시작했던 것이다. 그는 그 시대의 관행에 따라 저녁이면 사업하는 분들의 술대접을 받아야했고 때로는 양복 안주머니에 넣어주는 봉투를 어찌해야할지 고통스러워했다. 신앙교육을 받은 경수 씨로서는 이러한 곤혹스런 생활을 받아드릴 수가 없어 1년 만에 사표를 내고 세무공무원직을 떠났던 것이다. 대단한 용기였다. 그는 다시 교육공무원직 4급 시험에 도전하여 교과부직원이 되어 금번 고위공무원 그룹에 진입하게 된 것이다. 경수 씨는 고위공무원이 되기 위해 주경야독으로 학력을 쌓았으며 지금은 박사학위도 얻어 행정 뿐 아니라 학문으로서도 높은 경지에 오른 것이다.

"경수야! 이렇게 이름을 부르면 안 되는데… 자꾸 그렇게 이름이 먼저 나오는구나. 이제 국립대학교의 국장이 되었으니 이 국장, 하고 부를게. 님 자는 넣지 않는다. 그래야 더 친숙할 것 같아. 다른 사람 있을 때는 존대를 할게."

"원장님도 별 말씀 다하시네요. 저에게 무슨 존칭입니까. 원장님! 세월이 참 빠르네요. 8살 때 이곳에 왔는데요. 그땐 정말 어려웠어요. 그러나 제가 이곳에 오지 않았으면 공부할 수 없어 오늘의 제가 될 수 없었을 거예요. 그래서 저는 천양원이 고맙고 또 원장님이 늘 감사하답니다."

"그래. 그렇게 생각하니 나도 고맙군. 자네가 이렇게 꿈을 이루어 지금 살고 있는 아이들에게 표본이 되어 주었으니 나는 자네가 참 자랑스럽다."

이 경수 국장은 차를 마시며 이런 정담을 나누고 아이들 위해 써 달라며 두툼한 금일봉을 전하고 떠났다. 그는 매년 이렇게 시설 돕기를 해 오고 있다. 나는 정문을 나가는 검은 관용차를 한참 동안 바라보고 있었다. '장하다 이경수!' 소리 없는 말을 하면서…….

카디자 윌리엄스

쓰레기봉투를 덮고 자던 노숙자인 흑인 소녀가 하버드대학교에 합격했다는 어느 신문 기사에 내 눈이 화살같이 다가갔다. 그 내용은 다음과 같다.

올해 입시에서 하버드에 합격한 미국 LA 제퍼슨 고(高)의 카디자 윌리엄스 양 이야기가 미국에서 화제가 되고 있다. 카디자는 어머니 · 여동생과 함께 노숙자 센터와 홈리스 모텔을 전전하던 노숙자였다. 카디자의 어머니는 뉴욕 브루클린 빈민가 출신으로 14세 때 카디자를 낳은 뒤 집에서 쫓겨난 처지였다. 카디자는 안정적인 거처가 없어 초 · 중 · 고 12년 동안 학교를 12번이나 옮겨 다녔다. LA타임스는 '카디자는 쓰레기봉투를 덮고 잠을 자고 무료 급식소에서 배를 채우면서도 공부의 끈을 놓지 않았다.' 고 했다. 카디자는 초등 3학년 때 캘리포니아 주(州) 학력평가에서 상위 1% 안에 들면서 공부에 자신감을 가진 후 새벽 4시에 거처를 나와 학교에서 공부하다 밤 11시에 돌아가는 생활을 해왔다. 카디자의 고교 학점은 4.0에 육박했지만 다른 하버드 지원학생도 성적은 그 못지않게 좋았다. 하버드가 카디자를 뽑아준 것엔 입학사정관 줄리 힐든 씨의 힘이 컸다. 힐든씨는 카디자를 면접한 후 '카디자를 합격시키지 않으면 제2의 미셸 오바마를 놓치는 실수가 될 것' 이라고 학교에 강력히 추천해 주었다. 카디자는 하버드의 전액 장학금을 받고 대학을 다닐 수 있게 됐다. 미국에서도 명문대에 들어가려면 학업성적뿐 아니라 남과 차별되는 특기와 스포츠, 봉사활동 경력을 쌓아야 한다. 노숙자 센터와 홈리스 모텔을 옮겨 다녀야 했던 카디자에게 그런 특별한 경력이 있을 턱이 없다. 그래도 하버드는 14대 1의 경쟁률을 기록한 올 입시에서 카디자를 뽑아줬다. 하버드의 선택은 미국의 다른 저소득층 아이들에게 노력만 하면 얼마든지 명문대에 들어갈 수 있다는 희망을 갖게 해줬다.

이렇게 카디자가 미국의 명문대학에 합격할 수 있었던 것은 그 열악한 노숙자라는 환경 속에서도 공부하겠다는 뜨거운 열정을 가지고 끊임없이 노력한 결과이며 여러 가지 특별한 경력이 없었어도 이 학생을 선택해줄 수 있는 입학사정관 제도가 올바르게 작동했기 때문이라고 생각한다.

나는 2008년 2월 25일 우리나라 제 17대 대통령 취임식에 참석할 수 있는 행운을 얻어 역사적 현장에 함께할 수 있었다. 시화연풍(時和年豊)이라는 주제로 펼쳐진 식전 문화공연과, 본 행사에서 취임선서에 이어 이명박 대통령은 "선진화의 길, 다 함께 열어 갑시다."라는 제목으로 취임사를 낭독했다. 미국의 오바마 대통령도 부모의 이혼과 가난 속에서 성공한 인물이지만, 이명박 대통령도 가난 때문에 얼마나 고생한 인물인가.

나는 오바마의 자서전『신화는 없다』에서 크게 감동 받은 기억이 생생하다. 특별히 기억나는 대목은 매튜 팍스는 "왜 사람이 게을러지는가?"라고 묻고는 이렇게 스스로 답했다는 내용이다.

"게으름에 대한 처방은 부지런해야 한다는 결심이 아니다. 게으름에 대한 처방은 사람 안에 있는 불꽃을 발견하는 것이다.(finding the fire within) 누가 부지런해지는가? 우리 속에 있는 불꽃을 발견하는 사람이다. 누가 열심이 뛰는가? 내 안에 있는 불꽃을 발견한 사람이다."

사람은 누구에게나 장점 한 가지씩은 분명 가지고 있다. 바로 이것을 발견 하지 못해 낙오자가 되는 것이다. 그래서 앤서니 라빈스는 "네 안에 잠든 거인을 깨워라(Awaken The Giant Within)"라는 멋진 책을 써서 용기와 결단, 열정과 에너지가 발전적 변화를 만든다고 일깨워주고 있는 것이다.

우리 아이들도 카디자처럼 희망의 끈을 붙잡고 열심 그리고 또 열심을 내서 훌륭한 인물이 되었으면 얼마나 좋을까 하고 기원했다.

눈물의 선지자 예레미야는 예레미야 20장 9절에서 그를 핍박하는 권력자들이 입을 봉하려할 때, "내가 다시는 여호와를 선포

하지 아니하며 그 이름으로 말하지 아니하리라 하면 나의 중심이 불붙는 것 같아서 골수에 사무치니 답답하여 견딜 수 없나이다." 라고 했다. 그러므로 꿈을 세운 자는 중심에 불붙는 것 같은 치열함으로 노력해야 한다.

칠복상(七福象)을 닮아 가는 사람

미국의 호손이 쓴 단편소설 『큰 바위 얼굴』은 고상한 인격을 갖춘 이상적인 인간상을 추구하고자 한다. 어니스트라는 어린 소년은 어머니로부터 '장차 이 근처에 한 아이가 고아(高雅)한 인물이 될 운명을 가지고 태어날 것이며, 어른이 되어가면서 큰 바위 얼굴을 닮아 갈 것' 이라는 전설을 듣는다.

그 소년은 자신도 어떻게 살아야 큰 바위 얼굴처럼 될까 생각하면서 진실하고 겸손하게 살아간다. 그리고 그 전설의 인물이 마을에 나타나기를 고대한다. 세월이 흐르는 동안 부자, 장군, 정치인, 시인들이 차례로 나타나 자신들이 전설의 인물이라고 하지만 모두 빗나가고 만다.

수십 년이 지난 어느 날 어니스트의 연설을 듣던 한 시인이 어니스트가 바로 전설의 인물, '큰 바위 얼굴' 의 인간상을 갖춘 인물임을 발견한다는 이야기다. 그는 큰 바위 얼굴과 같은 현명하고 고아한 용모를 닮아 보려는 마음으로 살았기 때문에 자신도 모르게 고상한 인격을 가진 인물로 변해갔다는 것이다.

나는 일주일에 3-4차례 아내와 함께 집에서 가까운 왕가봉이라는 작은 산에 오른다. 이렇게 걷다 보면 반드시 지나치는 장소가 있다. 현충원역 3번 출구에서 동학사 쪽으로 150여 미터 지점에 주로 돌로 만들어진 골동품을 취급하는 황덕당이라는 업소다. 2층집 앞에는 커다란 2개의 해태상이 있고, 여러 가지의 석탑이 즐비하다. 그뿐 아니라 갖가지 인물상과 동물상도 있고, 물을 담는 크고 작은 용기들이 있다. 가장 큰 용기에는 물을 담아 연꽃을 심어 꽃대가 교대로 올라와 연분홍색 꽃을 피워 지나가는 사람들에게 연꽃의 아름다움을 느끼게 한다.

황덕당의 사장 되는 분은 종종 산에서 만나거나 그 집을 지나다가 마주치면 서로 인사를 나누는 사이이다. 그의 이층집 처마 모서리에는 풍경이 매달려 바람이 불면 산사에서나 들을 수 있는 정겨운 소리를 낸다.

황덕당 사장님은 몸집이 상당히 큰 편이며 얼굴은 가무잡잡하고 두터운 편이다. 나는 그 분이 언제나 빙그레 웃는 얼굴을 한다는 특징을 발견했다. 어느 날 그 집 앞을 지나면서 두개의 인물 석상에서 석상이 풍기는 인상과 주인의 인상이 겹쳐지는 느낌을 감지했다. 참 희한하구나! 이럴 수가 있을까? 주인은 매일 같이 이 석상의 인상을 닮아 보려고 노력하면서 살고 있는 것이 아닐까? 이분을 만나면 내 생각이 맞는지 확인해 보기로 했다.

다음 날 아침 황덕당 앞에 당도하니 마침 주인 되는 분이 각종 석상들에게 물을 뿌려주고 있었다. 반갑게 인사를 나누고 알듯 모를 듯 미소를 짓고 있는 석상을 가리키며 이름을 물어 보았다.

"예, 이 석상 이름은 칠복상이라고 합니다."

"아, 다름 아니라 사장님 웃는 미소와 석상의 미소가 너무 닮아서, 그 연유를 알고 싶군요."

"하하하! 원장님 잘 보셨습니다. 제가 저 칠복상을 닮아 보려고 노력해 왔지요. 세상의 탐욕을 버리고 일곱 가지의 복을 받아 남에게 베풀면서 살아보고 싶은 것입니다."

나는 위의 두 가지 사례를 통해 누구나 자기의 표상으로 삼고자 하는 인물 또는 어떤 신앙이나 사상, 학문, 예술 등, 어느 무엇에든지 불타는 마음으로 닮으려 노력하면 실현 가능하다는 사실을 확인하게 되었다. 그러므로 앙드레 말로의 "오랫동안 꿈을 그리는 사람은 마침내 그 꿈을 닮아간다."라는 말처럼 꿈을 노래하는 자들은 꿈을 이룰 수 있다고 확언할 수 있는 것이다.

뿌리 찾기의 아픔

28년 전의 이야기다. 당시 4학년에 다니는 한 남자 아이가 학교에서 돌아와 '오늘 선생님께서 '나의 뿌리 찾기' 라는 용지에 부모 이름과 나이를 기록하여 내라기에 어머니는 유을희 나이는 80세, 아버지는 이연형 나이는 42세라고 썼고 형제자매 난에는 자기와 같은 방아이들 이름을 써냈다고 하여 사무실에 직원들이 박장대소를 한 일이 있었다. 그러나 나는 마음이 매우 아팠다. 부모형제 아무도 없는 고아인 이 아이가 뿌리 찾기의 개념을 알 턱이 없었던 것이다. 그래서 이 아이는 당시 원장님을 어머니 란에 썼고, 당시 총무였던 내 이름을 아버지 란에 썼던 것이다.

그 후 부터 나는 뿌리에 대한 교육을 다시 시작했다. 부모와 형제자매와 일가친척이 있는 아이들에게는 분명하게 알게 하였고, 시설 내에서는 시설 설립자 어르신에게는 할머니라는 칭호를 사용하게 하고 나와 내 아내에게는 '원장 아버지', '원장 어머니' 라는 칭호를 하게 하여 낳으신 부모와 길러주는 부모를 구분하게 하였다. 시설장에게 부모의 호칭을 부르게 하는 것은 부모가 살아있어 연락 가능한 아이들도 있지만, 행방을 알 수 없어 언제 만나게 될는지 알 수 없는 경우도 있기 때문에 '원장 아버지' 또는 '원장 아빠' 라고 부르면서 낳으신 부모를 생각할 뿐 아니라, '아버지', '어머니', 또는 '아빠!', '엄마!' 하고 친부모를 자연스럽게 불러보는 계기로 삼으라는 것이다. 나 역시 부모의 호칭을 받으면 호칭하는 아이가 더 사랑스러워짐을 느끼게 되더라는 사실을 분명하게 증언할 수 있다.

나는 이제 아이들의 할아버지 벌의 나이가 되었지만, 지금도 우리 아이들이 '원장님!' 하고 부르는 아이 보다 '원장 아버지', 또는 '원장 아빠!' 라고 부르면 내 마음이 부르르 떨리는 듯한 사랑스러움을 느낀다.

효의 실천을 위하여 뿌리 찾기를 할 때 괴롭고 슬픈 아이들이 있다. 앞에 예를 든 아이처럼 부모의 근본을 알 수 없어 일가 창립으로 호적을 만든 아이들이다. 요즘 아동복지 시설 아이들은 가정이 해체되어 시설에 맡겨졌기 때문에 대부분 부모의 근본을 알고 있고 각기 자기의 호적을 가지고 있기에 별 문제가 없다. 그러나 6·25 전쟁으로 고아가 된 친구들과 1960년대에서 70년대 출생자들 중에는 호적이 없어 취적해 준 친구들이 많다. 그들이 장성하여 혼인을 하게 될 때, 배우자 쪽에서 뿌리 이야기가 나오면 난감해 하기 시작하는 것이다. 여자들 같은 경우에는 이 문제로 시부모와 배우자로부터 구박 당하고 멸시 당하고 업신여김을 당하다가 끝내는 파경에 이르게 되는 경우도 있다.

나는 요즘도 종종 난감한 전화를 받는다.

"원장님, 지금 부모님은 돌아가셨겠지만 사시던 곳이라도 찾고 싶어요. 제 호적에 보면 부모님이 사시던 주소가 나오던데요. 그 분들이 저를 직접 시설에 맡기셨나요?"

이 질문은 1950년대에서 70년대 사이에 취적된 호적을 가지고 있는 친구들에게서 오는 전화 내용이다. 당시에는 가공의 부모 이름을 만들어 어디에서 호적 없이 결혼하여 자식 낳고 살다가 취적하지 못하고 사망했다는 사유를 기록하여 호적을 만들 수 있게 되었었다. 나는 그들에게 이러한 내용을 설명해 주면서 이렇게 당부한다.

"그래, 부모님이 살던 곳이라도 확인하려는 마음은 참 훌륭하다. 자식을 길러 보니, 부모님에게 효하고 싶은 마음이 생긴 것이로구나. 호적에 있는 본(本)과 부모 존함과 주소는 만들어서 기재했던 거야. 그래도 그 때의 호적법이 지금 보다 훨씬 낫단다. 80년대 후부터는 본은 살고 있는 지방 명으로 정하고, 부모는 공란으로 남겨지게 되어 그 호적만 보면 당장 근본 없는 자로 본색이 드러나게 되어있다. 지금 가지고 있는 그런 호적을 가지고 있는 것만도 다행이라고 생각해라. 그러므로 이제 부터는 네가 가문을 다시 일으킨다는 각오를 가지고 열심히 노력하고 자식 잘 양육해서 훌륭한 인물 만들겠노라는 꿈을 가지고 자나 깨나 노래해봐라!"라고 격려한다.

정말 본이 현재 살고 있는 지방 명이요, 부모 란이 공란으로 만들어진 호적을 가지고 있는 시설 출신자들은 아마도 일생동안 뿌리에 대한 큰 멍에를 짊어지고 살아가게 된다고 생각한다.

이러한 큰 멍에를 가지고 살아가야하는 고아들은 그래서 불쌍한 것이다. 그러므로 '나의 뿌리 찾기'를 가르치고 효 실천 운동을 지도하는 분들은 주변에 다문화 가정 출신이나 시설 출신자들 중에 이런 문제로 고민에 빠져 있는 자들이 있는지 살펴서 그들에게 상처를 주지 않도록 배려해야할 것이다.

그래서 하나님은 고아와 과부를 사랑받을 존재라고 신명기 10장 18절에 말씀하셨던 것이리라.

나는 우리 아이들에게는 좌절하지 말고 "내 가문은 내가 새로 세운다."는 각오로, 그리고 "다시 시작한다."는 각오로 어떠한 상처도 감내하면서 성공하라고 그 목적을 위해 밤낮 노래하듯이 중얼거리면서 노래하라고 가슴 아린 부모의 심정으로 오늘도 당부하고 당부하는 것이다.

> 하나님은 고아와 과부를 신원하시며 나그네를 사랑하사 그에게 식물과 의복을 주시나니(신명기 10:18).

다시 시작한다는 것

매년 12월 31일은 365일 중 마지막 날이다. 모든 사람들에게 주어졌던 그 한 해는 그 날 자정을 지나면서 영원히 역사의 한 페이지를 이루며 사라지게 된다. 우리는 시간이라는 흐름에 단절성을 만들어 준 창조주께 감사해야할 것 같다. 하루, 한 주일, 한 달, 그리고 일 년을 지나고 날 때마다 다시 시작하게 한다는 것은 큰 축복이기 때문이다.

어떤 사람에게는 그 날이 지나간 일 년을 돌아보면서 벅찬 감격을 갖게도 하지만, 어떤 사람에게는 가슴을 치면서 실수와 실패를 통탄하게도 만들 것이다. 인간의 일생도 마찬가지가 아닌가.

나는 지난 날 들을 후회와 좌절로 가슴 아파하는 사람들에게 희망을 갖자고 이 글을 쓴다. 우리들 앞에는 내일부터 공평하게 새해라는 스타트 라인이 준비되어 있는 것이다. 지나 온 날들이 망가졌다고 생각하는 사람들, 실망하지만 말고 다시 스타트 라인에 서서 다시 시작하라고 전하고 싶다. 다시 시작하는 사람은 반드시 실패를 만회할 수 있다는 경험을 하게 될 것이다.

장애의 몸을 가지고 미국에서 영문학 박사학위를 받고 모교인 서강대학교 교수로 활동하면서 심금을 울리는 많은 수필과 번역서를 남기고 아깝게도 57세 나이에 암으로 사망한 장영희 교수의 경험담은 우리들에게 큰 교훈을 준다.

그녀는 수필집 『살아온 기적, 살아갈 기적』에서 이렇게 얘기한다. 1984년 뉴욕주립대학에서 6년 동안 유학생활을 하며 마지막 2년 동안 심혈을 기울여 완성한 박사학위 논문을 친구 집에 들러 차 한 잔 마시는 10분 사이에 승용차 뒤 트렁크에 넣어 둔 가방과 함께 잃어 버렸던 이야기를 들려준다. 그녀는 너무도 허망하고 분한 맘을 어찌할 수 없어 기숙사로 돌아와 문을 걸어 잠그고 전화도 받지 않고, 아무것도 먹지 않은 채 꼬박 사흘 밤낮을 지냈다고 한다. 창문은 닫혀 있고 커튼이 내려진 상태라서 8월 더위가 극심했지만 더위나 배고픔을 느낄 기력도 없이 그냥 넋이 나간 채 침대에 누워 있었다는 것이다.

무거운 책가방을 메고 목발을 짚고 눈비를 맞으며 힘겹게 도서관에 다니던 일, 엉덩이에 종기가 날 정도로 꼼짝 않고 책을 읽으며 지새웠던 밤들이 너무나 허무해 죽고 싶었다고 했다. 닷새째 되던 날 커튼 사이로 비취는 한 줄기 햇살을 보면서 신기하게도 자신의 내면 깊숙한 곳에서 "괜찮아, 다시 시작하면 되잖아. 다시 시작할 수 있어. 기껏해야 논문인데 뭐. 그래. 살아 있잖아. 논문 따위쯤이야."라고 속삭여주는 희망의 속삭임이 들리더라는 것이다.

그녀는 다시 시작하여 1년 만에 더 좋은 박사학위 논문을 완성할 수 있었다는 것이다.

나도 비슷한 경험을 한 일이 있다.

2003년 미국 루이빌에 살고 있는 큰 딸에게서 외손자가 출생하여 아내와 함께 미국을 방문했을 때의 일이다. 아내는 큰 딸 산후 조리가 목적이었고, 나는 처음 얻게 된 손자를 보는 일과, 그동안 간간이 써 온 글들을 정리하여 책을 만들어 보겠다는 두 가지 목적을 가지고 갔다.

1개월 동안 머물면서 나는 많은 날, 밤을 새며 사위의 노트북 컴퓨터를 이용하여 플로피 디스켓에 약 300페이지 분량의 글을 완성했다. 이제 귀국하면 출판사를 물색하여 생애 처음 책 한 권을 출판한다는 기쁨에 가슴 뿌듯한 희열을 느낄 수 있었다.

귀국 후 바로 다음 날 나는 디스켓에 저장된 글들을 내 컴퓨터 본체에 저장하려고 조작하는 과정에 실수를 하고 말았다. 덮어쓰기를 반대로 하는 바람에 모든 글들이 날아가 버린 것이다.

나는 이것을 복구해 보려고 대전에서 능숙한 기능 보유자에게 의뢰했지만 허사였다. 용산의 복구 전문가들에게 찾아가 보았으나 불가능하다는 답변만 돌아왔다. 나는 허탈감과 좌절감에 빠져 2년여 동안 글을 쓰지 못한 일이 있었다. 다시 시작해 보려하면 날아가 버린 글들이 너무 아까웠다는 생각과 "넌 어찌 그런 실수를 했단 말이냐"고 질책하는 강박관념에 사로 잡혀 헤어날 수가 없었다.

그후 2년여가 지난 2005년 12월 31일 교회에 나가 송구영신 예배를 드리는 중에 나의 내면 깊숙한 곳에서 "다시 시작해 봐. 새로 출발하는 날이 왔잖아. 다시 시작할 수 있어."라고 재촉하는 소리에 잃어 버렸던 글들을 다시 찾기 시작했다. 드디어 4개월 노력 끝에 『받은 사랑 풀어내 놓아라』라는 제목의 책을 2006년 4월 30일 출판에 성공한 일이 있다. 나는 이 책을 통하여 많은 독자들로부터 격려를 받았으며, 많은 후원금을 전달 받기도 했다. 그뿐 아니라 판매 대금은 퇴소하여 어렵게 사회생활하고 있는 우리 원의 퇴소생 지원금으로 전액 사용하고 있다.

우리는 장애인 장영희 교수가 '절망과 희망은 늘 우리들 곁에 가까이 있다는 것, 넘어져서 주저앉기보다는 차라리 다시 일어나 걷는 것이 편하다는 것, 그 논문을 훔쳐가서 자신의 삶에서 가장 중요한 교훈, 다시 시작하는 법을 가르쳐준 도둑에게 감사한다' 고 했던 말을 곱씹어 볼 필요가 있다.

희망을 잃고 좌절에 빠져 있는 아동 · 청소년들에게 새해라는 공평한 출발선에 나와 '다시 시작하라' 고 호소하고 싶다. 나는 모든 시설 아동 · 청소년들에게 자신의 꿈의 목록을 적어보고 그것을 들고 다니면서 그 꿈을 밤낮 없이 노래해 보라고 촉구한다. 무너진 가정을, 그리고 무너진 가문을 다시 일으킬 수 있기 때문이다.

_ 제3장

과부의 두 렙돈

은밀한 구제와 무상보시

사회복지시설들은 정부로부터 법으로 보장된 보조금으로 운영되지만, 비인가 시설은 말할 것도 없이 개인이나 기관단체들로부터 도움을 받지 않고는 운영 할 수 없다. 그렇다고 인가된 시설의 경우 그것으로 필요한 모든 운영비가 조달되는 것은 아니다. 모든 시설들은 외부로부터 기부금이나 기부물품을 절실히 필요로 하고 있다. 그러므로 적극적으로 정규 후원자들을 찾게 되고, 각가지 매체를 이용하여 자원동원을 하고 있는 것이다. 시설의 재무구조상 기부금품은 그 시설의 생활수준을 가늠할 수 있는 척도가 될 것이기 때문에 대단히 중요한 것이다. 기부금품이 많으면 그만큼 삶의 수준을 높여 주게 되는 것이다.

사실, 구제란 현대사회에서 통용되는 기부금품 개념보다 선행의 기초행위라고 보아진다. 의식주 자체가 해결되지 않는 걸인이나 행려자, 또는 병든 자를 돕는 것을 의미해 왔다고 생각한다. 다시 말하면 긴급 지원의 수단이라고 볼 수 있다. 그러나 현대의 개념은 기부금품 지원행위를 총칭한다고 하겠다.

어쨌든 열 사람이 한 술씩 보태면 1인분의 한 끼 식사가 된다는, 십시일반(十匙一飯)이라는 말 속에는 과거와 현대의 구제개념이 다 함축되어 있다고 생각한다. 거의 같은 시기에 천주교를 대표하는 김수한 추기경과 불교계의 법정 스님이 서거하면서 생전에 남모르게 구제에 힘썼던 사실이 세상에 알려 졌다. 그리고 이것이 화제가 되고 있어 나는 기독교와 불교에서 말하는 구제의 개념이 무엇인지 살펴보았다.

2010년 3월 11일 법정(法頂)스님이 '아무것도 남기지 말라'는 철저한 무소유를 실천하면서 속세에 큰 가르침을 주고 갔다하여 장안의 화두가 온통 '무소유'에 집중된 일이 있다. 그 당시 그의 저서 중에서 『무소유』라는 책은 절판됨에 따라 한 권에 15만원을 주고도 살 수가 없었다.

그 분이 실천했다는 구제의 실천방법이라고 할 수 있는 무상보시(無相布施)란 자기가 남을 돕고도 그 사실을 잊어버리는 높은 기부의 경지를 뜻한다고 한다. 〈대종경 변의품 28장〉에서 대종사는 유상과 무상보시를 묻는 질문에 '유상보시(有相布施)는 거름을 위에다가 흩어 주는 것 같고, 무상보시는 거름을 한 후에 묻어두는 것과 같으니라.' 라는 가르침을 통해 불교의 나눔의 진리를 설명하고 있다.

이런 방법으로 법정스님은 자신의 저서에서 나오는 인세 수십억 원을 가난한 학생들 돕기에 사용했다고 한다. 훌륭한 생을 살고 간 분이라고 생각한다. 선행을 실천하는 일에 종교를 구별할 필요야 없겠지만, 우려되는 것은 일반 시민들이 혹여 불교의 선행이 기독교보다 우위에 있다고 착각하지나 않을까 하는 점이다.

그러면 기독교에서의 나눔의 진리는 무엇일까? 우리 주님은 '네 이웃을 네 몸과 같이 사랑하라.' 고 하면서 구제에 대하여는 마태복음 6장에서 네 오른 손이 하는 선행을 왼손이 모르도록 은밀하게 할 것을 가르쳐 주었다. 그리고 그 선행은 하늘에 쌓는 보화가 되리라고 말씀했던 것이다.

이처럼 기독교와 불교의 나눔에 대한 가르침은 일맥상통하는 점이 있음을 발견하게 된다. 무엇보다 중요한 것은 행함으로 실천하는데 있다고 믿는다.

금년 초등학교 4학년 1학기 교과서에 나눔을 실천한 세 사람의 인물이 소개 되었다. 한 분은 불교도로서 평생 김밥장사로 모은 재산 50억 원을 충남대학교에 기부하여 '김밥 할머니' 로 유명한 고(故) 정심화, 이복순 여사이고, 다른 두 분은 기독교 신자였던 고 유일한 박사와 동화작가 고 권정생 선생이다.

한국기업의 선구자인 고 유일한 박사는 1926년 '건강한 국민만이 주권을 되찾을 수 있다.' 는 신념으로 유한양행을 창업하여, 1971년 작고할 때까지, 유산을 자녀들에게 한 푼도 물려주지 않고 유한학원과 유한재단을 설립하여 이윤을 사회에 환원한 분이다.

또한 고 권정생 선생은 1937년 일본 도쿄의 빈민가에서 태어나, 광복 직후 귀국했지만 빈곤으로 가족들과 헤어져 행상을 했고, 결핵에 걸려 떠돌이 신세가 되어 걸식을 하기도 했다. 그는 경상북도 안동시 일직면에 정착하여 그 마을의 교회 문간방에 살며 16년간 종지기를 하면서 1969년 단편동화 『강아지 똥』을 발표하여 월간 《기독교교육》의 제1회 아동문학상을 받으며 동화작가로서의 삶을 시작하였다. 그는 『몽실언니』등 많은 작품을 남기고 2007년 5월 세상을 떠났다. 그의 삶과 작품은 예수 그리스도에 대한 믿음을 바탕으로 한다. 자연과 생명, 어린이, 이웃, 북녘 형제에 대한 사랑을 주제로 깜둥바가지, 벙어리, 바보, 거지, 장애인, 외로운 노인, 시궁창에 떨어져 썩어가는 똘배, 강아지 똥 등 그가 그려내는 주인공들은 하나같이 힘없고 약하다. 그러나 그들은 나를 죽여 남을 살려냄으로써 결국 자신이 영원히 사는 그리스도적인 삶을 살아간다는 메시지이다.

그는 죽기까지 빌뱅이 언덕 작은 흙집 단칸방에서 살다가 유산으로 10억 원과 매달 인세 1,000만원을 북한 어린이 돕기에 써달라는 유언을 남겼다. 이런 아름다운 삶을 살다 간, 사람 그리고 지금 실천하고 있는 사람들이 이분 들 뿐이겠는가.

우리 시설의 많은 후원자님들과 자원봉사자님들도 은밀한 구제에 동참하고 계신 분들이다. 하늘동산에서 생활하고 있는 우리 아이들에게 지속적으로 많은 사랑과 관심을 베풀어 주셔서 성공하는데 큰 힘이 되어주고 있다.

우리를 돕는 모든 분들에게 하나님의 큰 축복을 빈다. 또한 이러한 선행들은 하늘에 쌓는 보화가 될 것이다.

사람에게 보이려고 그들 앞에서 너희 의를 행치 않도록 주의하라. 그렇지 아니하면 하늘에 계신 너희 아버지께 상을 얻지 못 하느니라. 그러므로 구제할 때에 외식하는 자가 사람에게 영광을 얻으려고 회당과 거리에서 하는 것같이 너희 앞에 나팔을 불지 말라 진실로 너희에게 이르노니 저희는 자기상을 이미 받았느니라. 너는 구제할 때에 오른손의 하는 것을 왼손이 모르게 하여, 네 구제함이 은밀하게 하라. 은밀한 중에 보시는 너의 아버지가 갚으시리라(마태복음 6:1-4).

과부의 두 렙돈

20여 년 전 우리 하늘동산에서 수고하던 최정숙 집사님이라는 분이 있었다. 그녀는 일찍이 남편을 잃고, 딸 하나를 양육하고 있었다. 그분은 건강도 좋지 않았는데, 이곳을 떠난 후 연락이 두절되어 어디에서 무얼 하는지 전혀 알 수 없었다.

그런데 3일 전 그녀는 우리 사무실로 전화하여 원장을 찾았지만 내가 외근 중이어서 선생님 한 분이 전화번호와 이름을 메모해 두었다가 전해 주어 그 분임을 알게 되었다. 밤 10시경이 되어야 전화를 받을 수 있다기에, 그 시간에 전화했더니 최 집사님은 반갑게 전화를 받았다.

"원장님, 오랜 만이에요. 그동안 가 뵙지 못해 죄송합니다. 얼마나 수고하세요. 늘 돕지 못해 죄송합니다. 천양원 계좌로 100만 원을 송금하겠습니다."

"집사님, 생활이 어려울 터인데, 무슨 그렇게 큰돈을 보낸다는 것입니까?"

나는 그분의 선행을 만류하였으나, 작년에도 송금했다는 것이다. 그 말을 듣고 나니, 내가 아는 최정숙 이라는 이름이 3명이나 되어 누구인지 알 수 없어 엉뚱한 분에게 고마운 인사를 한 기억이 났다.

"아니! 집사님! 작년에 최정숙이라는 이름으로 입금되었던 것이 집사님이 보내신 것이었군요. 집사님이 보내신 귀한 선물인지 정말 몰랐습니다. 대단히 고마워요."

참으로 최 집사님의 이 기부금은 예수님께서 칭찬하셨던 어느 가난한 과부가 연보 궤에 두 렙돈을 헌금했다는 이야기와 다를 바 없다고 생각한다. 예수님께서는 그 여인에 대하여 "이 여자는 구차한 중에서도 자기의 있는 바, 생활비 전부를 넣었다."고 감격해 하셨던 것이다.

나는 전체 직원회의 중에 최 집사님 이야기를 전했으며 우리는 하나님께서 최 집사님 모녀에게 크게 축복해 주시기를 간절히 바란다는 기도를 주님께 드렸다.

그 후 6개월이 지난 어느 날 아침 예고도 없이 그 주인공 최 집사님이 20년 만에 하늘동산을 방문했다. 얼마나 반가웠는지 모른다.

"아니! 최 집사님 아니오! 왜 그동안 안 오셨어요." 하고 우리 내외가 반갑게 맞이했다.

"머리만 희어졌을 뿐 얼굴 모습은 옛날과 똑같네요."

"원장님 내외분도 마찬 가진 것 같아요. 시설이 아주 좋아졌어요."

우리는 이렇게 반가운 인사를 나누었다. 잠시 후 최 집사님은 등에 지고 왔던 배낭을 열더니 두툼한 봉투 하나를 나에게 건네주면서 말했다.

"원장님, 이거 아이들 위해 써 주세요."

"이것 백만 원인 것 같은데 왜 이러세요. 집사님이 어렵게 사시면서 이렇게 큰돈을 주시면 우리 마음이 무거워요."

"원장님, 아니에요. 전 살아가는데 지장 없어요. 천양원 아이들에게 조금이나마 도움을 줄 수 있다는 것이 정말 기쁜 걸요. 걱정하지 마세요. 무겁게 생각도 마시구요. 하나님께서 기뻐하실 터이니 저는 더 마음이 즐거워져요."

나는 최 집사님 손을 잡고 "아! 하나님, 이것이 바로 과부의 두 렙돈 이군요. 하나님 감사합니다. 정말 최 집사님 말씀처럼 아이들을 위하여 정직하게 사용하여 하나님 기뻐하시는 일이 되게 해 주시고, 최 집사님의 삶을 꼭 책임져 주시고 축복해 주시옵소서." 라고 하나님께 감사의 기도를 드렸고, 최 집사님에게 책망 아닌 책망을 하면서 최 집사님에게는 너무 큰돈이니 다음부터 지나치게는 하지 말라고 당부했다.

렙돈이라는 화폐 단위란 그리스에서 쓰인 가장 작은 화폐의 단위를 말한다. 성경에 나타나는 몇 가지 화폐와 비교해보면, 누가

복음 12장 59절에 나오는 호리(the very last mite)는 동등가치의 단위이고, 고드란트의 1/2, 앗사리온의 1/8, 노동자 하루 품삯인 데나리온에는 1/128의 가치라고 하니, 일당이 8만원이라고 한다면 625원이 되는 셈이다. 그러므로 예수님께서는 없는 자가 자기의 가진 것 전부를 드렸다는 것을 귀하게 평가했던 것이다.

최 집사님은 이날 새벽 1시에 대전역에 도착하여 숙박비를 아끼려고 대합실 화장실에서 밤을 새우고 왔다고 하여 내 마음이 더 아팠다. 역을 관리하는 자가 쫓아낼까 보아 발견되지 않으려고 조마조마하며 밤을 새웠다고 한다. 일각이 여삼추(一刻如三秋)라는 말과 같이 이 날 밤 최 집사님에게는 길고도 긴 밤을 지냈을 것이다. 자신도 기초생활보호 수급자이지만 작년에도 재작년에도 100만원씩 기부해 주신 최 집사님에게 하나님께서 크신 축복을 내려주실 줄 믿는다. 이 글을 읽으시는 분들마다 최 집사님을 위해 축복해 주시기를 부탁드린다.

나는 "최 집사님, 감사합니다. 이 돈 아이들 위해 유익하게 잘 사용하겠습니다."라고 몇 번을 되풀이하여 말했다.

이 글은 우리 홈페이지에 올려놓은 글 중 현재까지 750회라는 가장 많이 읽혀진 글이 되었고, 계속 읽혀져 많은 사람들 심금을 울릴 것이다.

예수께서 눈을 들어 부자들이 연보 궤에 헌금 넣는 것을 보시고,

또 어떤 가난한 과부의 두 렙돈 넣는 것을 보시고 가라사대 내가 참으로 말하노니 이 가난한 과부가 모든 사람보다 많이 넣었도다. 저들은 그 풍족한 중에서 넣었거니와 이 과부는 그 구차한 중에서 자기의 있는바 생활비 전부를 넣었느니라(누가복음 21:1-4).

멋진 성탄 선물

2008년 12월 18일 우리 아이들은 〈한국원자력안전기술원(KOREAN INSTITUTE OF NUCLEAR SAFETY)〉 직원들로부터 놀라운 성탄 선물을 받았다. 그래서 이 글의 제목의 수식어로 놀라운, 기가 막힌, 아름다운, 멋진 등등의 단어를 생각해 보았지만, 선택하기가 매우 어려웠다.

우리 하늘동산 전체 가족들에게 1박 2일의 경주 여행!

생각만 해도 멋진 여행 아닌가! 숙소는 경주 보문단지 내 콩코드 호텔에 2인 1실, 우리 아이들이 VIP 대접을 받은 것이다.

손꼽아 기다리던 12월 18일이 되었다. 날씨 쾌청, 기온은 섭씨 11도로 포근했으니 여행하기에 최적의 날씨였다. 이번 행사의 모든 계획과 진행을 담당해 주신 조두현 부장님이 우리를 안내했다. 대형 관광버스 2대가 아침 일찍 우리 운동장에 도착했다. 기다리고 있던 우리 아이들이 정해진 차에 올랐다. 우리는 먼저 한국원자력안전기술원을 방문했다. 훌륭한 건물과 잘 정돈된 정원이 매우 아름답게 보였다. 우리가 도착하자 많은 직원들이 나와 우리를 환영해 주었다. 우리 아이들은 원자력에 대한 강의와 안전기술원이 하는 일에 대하여 견학을 했다. 원자력안전기술원은 원자력 연구소와 원자력 발전소를 감독하는 기관이라는 사실도 잘 알게 되었다.

나는 우리 아이들이 강의를 듣는 동안 박윤원 박사님의 안내를 받아 원장님이신 윤철호 박사님 사무실에 안내 되어 환담을 나누며 감사한 인사를 드렸다.

우리는 기술원 내에 있는 구내식당에서 맛있는 점심 식사를 마치고 경주를 향해 출발했다. 여행에는 조두현 부장님과 윤연화 선생님과 이한태 선생님이 인솔해 주었다. 경주에 도착하여 불국사 문화체험을 했다. 나는 아이들에게 석가탑과 다보탑에 대하여 설명해 주었다. 1,300년 된 귀중한 문화유산임을 강조해주었다.

콩코드호텔에 도착하여 각자 정해진 숙소에 짐을 풀고 저녁식사 후에는 오락시간을 가졌다. 외부 진행자가 1시간 동안 아주 즐겁게 진행해 주었다. 이틀 째 날도 날씨가 구름 한 점 없는 쾌청한 날이었다. 우리는 예정된 대로 오전 8시 20분 포항을 향해 출발했다. 도중에 국보 112호인 감은사지 3층 석탑을 관람했다. 석탑 맨 위에 세워진 철제가 1,300여년이 지났지만 녹슬지 않고 원형대로 보존되고 있는 것이 신비한 기술임을 알게 되었다. 이상준, 김영주, 이아현은 조그마한 수첩을 가지고 열심히 기록하는 모습이 참 예뻤다.

잠시 후 해변이 나오자 우리는 해변 가에서 파도와 놀이를 했다. 아이들은 파도가 밀려왔다가 물러나면 물러난 만큼 쫓아갔다가 밀려오면 뒷걸음으로 도망치는 장난을 했다. 나중엔 세차게 밀려오는 파도에 하늘이가 그만 넘어져 옷을 다 적시고 말았다. 그래도 재미가 있어 추운 줄도 몰라 했다.

월성 원자력 발전소는 대단한 과학의 산물임을 알았다. 우리나라 발전량의 40%가 원자력으로 생산되고 있다하니 원자력 에너지의 대단함을 다시 알게 되는 계기가 되었다.

포항공대 내에 있는 포항가속기연구소도 견학했다. 포항공대 캠퍼스도 아주 훌륭한 시설이었다. 포항공대 식당에서 점심을 맛있게 먹고 우리는 한옥을 그대로 보존하고 있는 양동마을을 견학했다.

저녁 7시경에 유성에 도착하여 우리는 현충원 앞에 있는 '일송정' 이라는 음식점에서 미리 준비된 불고기 백반을 맛있게 먹었다. 저녁 식사 후 우리 아이들은 개개인의 소원대로 준비해 온 선물을 받고 감격해 했다. 작은 아이들은 패딩 잠바, 자동차, 곰인형, 어떤 아이는 키가 크고 싶다고 영양제를 요구했고, 바비인형, 시계, RC카, 고데기, 가방을 신청한 아이가 있는가 하면 고가의 MP3를 신청한 아이는 무려 35명이나 되었으니 선물 구입비만도 수 백 만원이 소요되었을 것이다.

나는 마지막으로 다음과 같이 인사를 했다.

"아이들아! 너희들은 금년에 아주 멋진 성탄 선물을 받았구나.

아름다운 추억으로 남을 만한 멋진 여행을 했고, 우라늄이라는 원자를 가지고 엄청난 전력을 생산하는 현장을 체험하면서 과학자가 될 수 있다는 꿈을 갖도록 해 주셨고, 마지막으로 지금 소원한 대로 아주 비싼 MP3까지도 선물로 받았으니, 얼마나 훌륭한 성탄 선물이니? 두고두고 기술원의 윤 박사님을 비롯한 여러 분들에게 고마운 마음 잊지 말고 열심히 노력하여 성공한 사람이 되는 것이 은혜 갚는 길임을 명심해야 한단다. 우리 크게 박수하면서 감사합니다 하고 외쳐 보자."

"감사합니다. 고맙습니다!" 아이들이 크게 소리쳤다.

진실로 우리 아이들은 이번 성탄절을 맞이하여 멋진 성탄 선물을 받았다. 한국원자력안전기술원 원장님과 여러 과학자님들께 깊은 감사를 드린다. 새해 하나님의 큰 축복을 기원하면서 작별했다.

끈질긴 후원자

기독교 아동복리회 한국연합회라는 기관이 있다. CCF한국연합회라고 부르는데. CCF란 Christian Children 's Fund Inc.의 약어이다. 우리나라에는 1948년부터 불우한 어린이들을 돕기 시작했다. 한국전쟁이 일어나 수많은 고아들이 발생하자 CCF는 미국의 민간 후원자들을 모집하여 후원활동을 활발하게 전개했다.

40여년 후원활동을 하던 CCF는 1986년 한국의 경제성장을 이유로 한국에서 아동 지원 사업을 종결했다. CCF의 도움을 받던 시설들이 비록 사업은 종결되었지만 연합활동을 계속하여 CCF의 정신을 계승하고 있다.

미국의 CCF는 한국에서의 사업종결과 함께 현재의 〈어린이재단〉에 모든 재산을 양도하여 한국의 어린이들을 돕는 일을 계속하도록 했다. 2010년 6월에 작고한 고 김석산 박사는 1964년 경희대학교 영문학과를 졸업하자마자 CCF한국지부에 번역사로 입사하여 근속하다가 회장에 오른 분으로서 우리 하늘동산 출신이라는 사실을 나는 늘 자랑으로 생각하고 있다.

CCF한국연합회는 매년 총회를 개최하면서 'CCF봉사상'을 만들어 시상해 오고 있다. 종사자분야, 자원봉사자분야, 그리고 후원자분야에서 모범적으로 봉사한 자를 선발하여 시상을 하는 것이다. 우리 하늘동산에서는 이영섭 후원자를 후보자로 추천했는데 선발되어 2008년 6월 23일 강원도 강릉정동진에 있는 크루즈 호텔에서 개최된 제56차 총회에서 상을 받았다. 나는 회원들에게 그를 시상 후보자로 추천한 이유를 상세히 설명했다. 모든 회원들은 그를 칭송하면서 큰 박수로 수상을 축하해주었다.

이영섭 후원자는 18세 때인 1983년부터 천양원의 후원자가 되어 지금까지도 끈질기게 후원을 계속하고 있는 분이다. 당시 우리는 CCF의 보조가 3년 후 중단될 것을 대비하여 자립기금 1억 원 모금운동을 시작하던 때였다.

이영섭 후원자는 우수한 성적으로 고등학교를 졸업하자마자 어려운 한전입사 시험에 합격하여 대전에서 사회생활 초년병으로 직장생활을 시작했다. 고향 홍성을 떠나 낯선 타향살이를 시작하면서 그는 월 1만원씩 기부하는 천양원 자립기금 후원자가 되어 주었다. 그는 군대에 입대해서도 후원했으며, 군복무를 마친 후에는, 후원 액수를 계속 증액 시켜왔으며 지금은 매월 10만원씩 후원을 하고 있다. 그동안 후원 액을 합산해 보니 2,000만원이 훌쩍 넘었다.

군 복무를 마치고 그는 옥계동에 있는 충일성결교회에 출석하면서 나와 친분이 두터운 신앙 좋은 이기호 장로님의 따님을 배우자로 만나 지금 남매를 두고 행복하게 살고 있다.

총회가 끝나고 며칠이 지나자 이영섭 후원자님은 수박, 참외 등을 사가지고 시설을 방문했다. 반갑게 차를 마시며 자녀들의 교육문제, 그의 고향에 계신 부모님 소식과 장인 장모님 소식 등을 가지고 이야기를 나누었다. 그는 담소 후 돌아가면서 상으로 받은 상금을 몽땅 우리 아이들 위해 써달라고 기부하는 것이었다. 되돌려 주려 애썼으나 그는 완강하게 좋은 일을 하게 해 달라고 했다.

이영섭 후원자의 우리 아이들을 향한 참 사랑에 머리가 숙여 졌다. 우리는 그의 부인과 아들과 딸에게 하나님께서 대신 갚아 주십사 기도했다. 나는 그의 끈질긴 후원에 항상 감탄하고 있다.

우리 시설에는 이 후원자님처럼 끈질기게 후원하는 후원자님과 자원 봉사자님들이 여러분이 계시지만 다 소개하지 못한 것을 죄송하게 생각한다.

동해시에서 걸려온 전화

2007년 5월 25일 강원도 동해시에서 온 전화 한 통을 받았다. 전혀 알지 못하는 분이었다. 목소리의 톤으로 볼 때 연세가 많은 여자 노인이었다. 나를 꼭 만나고 싶다고 하는 내용이었으나 내가 하는 말은 잘 알아듣지 못하는 것 같았다.

"이 장로님이시지요? 난 강원도 동해시에 있는 금강요양병원에 입원해 있는 황치순 전도사라는 사람입니다. 장로님의 책을 읽고 너무 큰 은혜를 받아 직접 꼭 만나고 싶습니다. 시간을 내서 이곳에 와 줄 수 없을까요?"

나는 큰 소리로 대답했다.

"전도사님! 제 책을 읽어 주신 것만도 감사해요. 은혜를 받으셨다니 더 고맙습니다. 제가 제주도에서 예정된 CCF한국연합회라는 모임의 총회가 6월 8일부터 10일까지 진행되는데, 돌아와서 꼭 찾아뵙겠습니다."

나는 제주도로 떠나기 전 날, 4일 후인 6월 12일 찾아뵈러 갈 것이라는 편지에 최근 뒷동산에서 아이들과 함께 촬영한 사진을 동봉하여 우편물로 발송했다.

나는 총회를 마치고 돌아오자마자 약속대로 12일 오전 9시경 아내와 함께 직접 카니발을 운전하여 동해시를 향해 출발했다. 아내는 비서 역할, 간식 공급, 그리고 졸릴 때는 무릎을 꼬집어 졸음을 쫓아 주는 역할을 해준다. 그래서 나는 장거리 운전을 해야 할 때면 꼭 아내를 동반한다. 날씨는 구름 한 점 없이 맑고 좋았으나 기온은 초여름답지 않게 더웠다. 회덕 JC를 지나 청주 시가지가 시야에서 멀어지면서 잠시 지나자, 넓은 들판이 온통 각종 건물로 채워지고 있는 오송은 새로운 신흥 도시로 변모하고 있었다.

구입한 지 8년, 15만 km의 주행 기록을 가지고 있는 카니발 승합차는 아직 잔병 없이 잘 달려 주고 있었다. 진천 IC를 얼마 지나자 고속도로 오른쪽으로 흐르는 세금천이 보이기 시작했다.

"여보! 저기 흐르는 개울이 보이지? 좀 더 가다보면 길게 축조된 돌다리가 보일 거야."

"아! 저기 보이기 시작하네요. 당신은 운전 조심하며 봐요."

"난 이래 봬도 20년 무사고 베테랑 운전기사에요. 저 다리는 유명한 '농다리' 라는 다리야. 농사짓는 사람들이 편히 건너다니라고 하여 '농다리' 라고 이름을 붙인 모양이야. 1,000년 전 고려시대 임 장군 이라는 인물이 붉은 색 돌을 물고기 비늘처럼 쌓아올려 교각을 만든 후, 28간의 상판을 올려놓았는데 멀리서 보면 붉은 지네가 기어가는 모양으로 보인다고 하더군."

"어쩜 당신은 그런 걸 그렇게 자세히 알아요?"

"흠, 그 정도야 뭐 보통이지. 내가 누구 신랑이라고…흠…"

"어쭈! 으스대기는 참"

우리는 한바탕 깔깔 대고 웃으면서 쌍굴을 통과 했다.

한참을 달려가니 둔내IC를 지나고 있다. 종종 전국장로회 수양회 장소로 이용하는 현대성우리조트에서 은혜 받던 기억이 새롭다. 자연휴양림으로 유명한 청태산이 우측으로 병풍처럼 펼쳐있다. 나무들이 연둣빛 연한 잎사귀에서 진한 초록으로 변해 가고 있었다. 고등학교 시절 이양하의 수필, 『신록예찬』이 생각난다. 아마도 저 산의 계곡물은 나무들이 잎사귀에서 내려 보낸 물감으로 물들여져 내려오지 않을까. 아! 참으로 아름다운 광경이다. 이심전심이라고나 할까, 아내는 "한 폭의 그림 같네요."라고 하면서. 찬송을 불렀다. "참 아름다워라. 주님의 세계는 저 솔로몬의 옷 보다 더 고운 백합화 주 찬송하는 듯 저 맑은 새 소리 내 아버지의 지으신 그 솜씨 깊도다."

드디어 강릉이 보이는 길목에서 우측으로 동해고속도로가 보였다. 얼마를 아래로 내려가다가 동해휴게소를 만났다. 휴게소에 설치된 전망대에 올라가 보니 파란 동해 바다가 한 눈에 가득 들어왔다. 바다에서 불어오는 신선한 바람이 가슴이 저리도록 시원했다.

"여보, 이제 동해시가 얼마 남지 않은 것 같네요."

"황 전도사님은 어떤 분일까, 매우 궁금하네요. 아마도 당신의 책을 읽고 감명 받으셨다니 신앙과 어린 심령을 사랑하는 마음이 돌아가신 어머니와 비슷한 분일 거라고 생각되네요."

"나도 동감이에요. 자, 어서 가서 만나 뵙시다."

우리는 4시간 30분 만에 오후 1시경 병원에 도착 했다.

우리는 선물로 준비한 오렌지 주스와 배 즙 그리고 양말과 종합 비타민을 들고 515호실을 찾아 들어갔다.

"황 전도사님! 제가 이연형 장로입니다. 이 사람은 제 아내 함 권사입니다."

"아니, 이 장로님이라구요? 아이고 반가워. 보내준 편지를 들고 아침부터 장로님을 기다렸어."

황 전도사님은 나와 함 권사를 마구 끌어안으시는 것이었다. 나 역시 10년 전에 돌아가신 어머니를 만나는 것 같은 기쁜 마음이었다. 나는 황 전도사님의 두 손을 붙잡고 기도했다. 전도사님도 기도 했다.

전도사님은 구약 스바냐 3장17절을 찾아 놓고 하나님은 이 장로님에게 "구원을 베푸실 전능자시며, 장로님으로 인하여 기쁨을 이기지 못하며 잠잠히 사랑하시는 분"이라고 설명해 주었다. 함 권사는 이 말씀으로 만들어진 복음성가를 크게 불렀으며 나는 '주님과 함께' 라는 성가를 불러 드렸다.

말씀을 나누어 보니 황 전도사님은 지금 90세의 고령 이지만 젊어서부터 은퇴하기까지 서울 공덕장로교회에서 전도사로 사역하신 분이시며 이화여대 김문실 박사로부터 이 책을 전달 받아 읽어 보았더니 그 어려운 아이들을 어떻게든 사랑하여 주님의 귀한 사람 만들어 보겠다고 노력해 온 이 장로를 꼭 만나보고 싶었다는 것이었다. 입원실 벽에는 내 사진과 하늘동산의 귀여운 아이들의 사진을 붙여 놓고 기도해 주시고 있었다.

1시간 여 정다운 대화를 나누고 일어서려하자 황전도사님은 오래되어서 낡아버린 봉투 하나를 건네주면서 시설 운영에 많은 물질이 필요할 터이니 이것을 사용하라고 하셨다. 돌아오는 길에 봉투를 열어보니 백 만 원이 들어 있었다. 아마도 그동안 문병 오는 분들로부터 받으신 위문금 전부를 주신 것 같았다. 이 구제금은 수천 만 원의 가치가 있다고 생각했다. 너무도 감사하여 원에 도착할 때까지 하나님께 기도하고 또 기도 하면서 돌아왔다.

나는 동해의 푸르고 넓은 바다만큼이나 넓은 주님의 사랑을 가진 분을 만난 일과, 푸른 산에서 바다에서 불어오는 맑은 공기를 마시는 것처럼 신선함을 만끽할 수 있는 날을 주신 하나님께 감사했다.

기부천사 류시문 장로

지난 2009년 12월 12일 토요일 저녁 8시 KBS 1TV에서 〈대한민국은 한 가족입니다〉라는 특집프로 4회의 주인공 류시문 장로님에 대한 다큐멘터리가 방영되었다.

나는 방영되는 모든 장면을 바라보면서 눈시울이 뜨거워지는 감동을 받았다. 내가 쓴 수필집 『받은 사랑 풀어내 놓아라』를 읽고 감동 받았다고 수백 권을 구입하여 많은 사람들에게 나를 극찬하면서 선물하기도 했고, 아무것도 아닌 나를 "형님! 형님!" 하면서 존경해 주는 류 장로님이 그런 감동의 삶을 살아오고 있음은 이번에 자세히 알게 되었다.

류시문 장로님과의 첫 만남은 2007년 부활주일이었다. 전날 사업 차 유성에 내려왔다가 상경하지 못한 류시문 장로가 내가 장로로 시무하는 유성성결교회의 예배에 참석했던 것이다. 나는 이날, 예배 순서 중에 헌금송을 부르게 되었었다. 곡명은 김희보 작사 김두완 작곡의 '주 앞에' 였다. 부활 주일에 부르기에 알맞은 성가다. 내 노래에 호흡을 잘 맞추어 주는 피아니스트 박소연 선생의 반주로 영성을 담아 찬양을 했다.

주 다시 사신 날 이악한 죄인,
당신 앞에 엎드려 비옵나니
이 죄인 지은 죄 사해 주시고,
그 나라에 임할 때
기억하옵소서 기억하옵소서.

내 창에 상하신 발아래 엎드려,
당신의 은사를 간구하오니
가시관 엮어서 머리에 씌우던,
이 손을 이끌어 능력을 주옵소서.

주 다시 사신 날 이 악한 죄인,
상하신 발아래 엎드려
가시관 엮던 손 그 상처 만지며,
감사에 사무쳐 눈물 흘립니다.
눈물 흘립니다.

나의 찬양에 성도들은 은혜에 빠져 드는 것 같았다. 성도들은 조용히 "아멘, 아멘"하며 은혜를 체험하는 듯 했다. 찬양이 끝나자 박수로 나의 찬양에 화답해 주면서 하나님께 영광을 돌렸다.

예배가 끝나자 나는 맨 뒤 출입문에서 목사님과 장로님들과 함께 서서, 예배에 참석했던 성도님들과 일일이 악수로 인사하는데 손님으로 예배에 참석했던 류시문 장로님을 그 자리에서 처음 만나게 되었던 것이다. 그는 왼쪽 다리에 장애가 있어 지팡이를 사용하고 있었다. 그는 나의 손을 덥석 잡더니 "오늘 장로님의 성가 독창에 큰 감동을 받았습니다. 부활절 예배에 알맞은 성가 곡이었으며, 또한 장로님의 훌륭한 가창력이 마음을 흔들어 놓는 것 이었습니다. 참으로 큰 은혜를 받았습니다." 이렇게 나의 찬양을 높이 평가하는 것이었다.

몇 달이 지나서 류 장로님은 또 예고 없이 우리 교회를 방문하여 함께 주일 예배를 드렸다. 공교롭게도 이 날 헌금 송으로 내가 또 독창을 하게 되었다. 이날은 톰 러셀(Tom Russell)이 작곡한 '주님의 축복' 이라는 복음송이었다.

내가 낙심하고 있을 때,
주님이 계셔 내게 기쁨 주시고
죄악에서 나를 건져 주시며,
내 맘이 약할 때 힘 주시네.

깊은 골짜기 나 걸어가도 주님만 의지하면은
주님은 항상 내 앞길 인도하시네.
구하라 주실 것이요, 찾으라 찾을 것이다
주님 믿으면 주 의지하면,
주님 길 열어 인도해 주시네.

깊은 골짜기 나 걸어가도 주님만 의지하면은
주님은 항상 내 앞길 인도 하시네.
구하라 주실 것이요, 찾으라 찾을 것이다
주님 믿으면, 주 의지하면
지켜 주신다 약속해 주셨네. 약속했네.

이 날도 나의 찬양에 은혜가 넘치는 것 같았다. "구하라 주실 것이요"라는 구절에서 정점에 이르자 우리교회에서 가장 연로하신 남상을 장로님은 유독 큰 음성으로 "아멘!!" 하며 화답했다. 그 소리는 마치 오케스트라 연주에서 심벌즈라는 악기가 주는 효과와 비슷했다.

예배가 끝나자 류 장로님은 내 양손을 덥석 붙잡고 "장로님, 오늘도 목사님의 설교와 장로님의 찬양에 큰 은혜 받았습니다. 유성교회에 자주 와야겠습니다."라고 하는 것이었다.

이러한 인연으로 류 장로님과는 아주 막역한 사이로 발전되었고, 그 후로 알게 되었지만 류 장로님은 한맥 도시개발 회장으로서 장애와 가난을 극복하고 성공한 훌륭한 최고경영자였으며, 기업의 이익을 사회에 아낌없이 환원하는 기부천사였다. 그는 승용차 유지비를 아끼려고 지하철을 이용하며, 20년 이상 입고 다니는 양복과 코트는 군데군데 해져 있다. 외아들 생일날 외식 한번 사주지 않아 부인과 아들로부터 불평을 듣기도 한단다. 이렇게 자기 자신과 가족들에게는 인색한 분이 사회를 위해서는 아낌없는 기여를 하고 있는 것이다.

그는 사회복지 공동모금회에 2억 원을 기부하여 1억 원 이상 고액 기부자 모임인, 아너 소사이어티(Honor Society) 제 1호를 부여받았으며, 한국사회복지사협회에 2억 원을 기부하여 '한맥 복지대상' 을 제정하기도 했다. 이 기금으로 전국의 32만 사회복지사들 중에서 매년 4명씩을 선발하여 상을 주고 상금으로 500만원씩을 전달하고 있다. 나는 2010년 마산에서 개최된 전국사회복지사대회에서 제3회 '한맥 사회복지사 대상' 을 받은 바 있다.

류 회장은 앞으로 하나 밖에 없는 아들에게도 유산을 물려주지 않고 복지사업을 위해 30여 억 원을 사회에 기부할 예정이라고 한다. 그의 어머니는 귀한 손자에게 상속을 물려주지 않겠다는 아들을 원망하면서 자신의 전 재산 1억 원을 손자에게 주자, 현재 연세대학교 대학원에서 복지학을 전공하고 있는 그 손자 류원정 씨도 아버지처럼 자수성가 하겠다면서 공동모금회에 할머니가 주신 돈 1억 원을 기부했다. 할머니도 아들, 손자의 선행을 만류할 수 없어 기쁨으로 동의했다고 한다. 참으로 귀한 일이다.

여기에 그치지 않고 몇 년 전 그는 일자리창출과 기업의 이익을 장애인들에게 돌려준다는 목표로 한맥 네트워크를 설립하였다. 그는 이 사업을 시작하면서 "내 몸 하나 영위하는데 필요한 것 이상의 재산은 나의 것이 아니고, 사회취약계층과 장애인에게 돌려주는 것이야 말로 내가 사람답게 사는 길."이라고 하면서 일자리창출이 최선의 복지라는 신념을 밝힌 바 있다.

개인적인 친분 관계를 떠나서 분명 류 회장은 입지전적인 인물이기에 어려운 처지에 있는 청소년들이 표상으로 삼아야할 인물이라고 믿는다. 또한 고린도전서 1장 26절에서 28절의 말씀이 그를 통해 증거 되게 하셨다는 사실을 많은 청소년들에게 알려 주고 싶다. 약하다고 생각하는 자들, 미련하다고 생각하는 자들, 천대받고 멸시 받는다고 생각하는 자들이 하나님 앞에 나가 도움을 구하면 지혜로운 자, 강한 자들도 부끄럽게 하신다는 사실을 류 회장을 통해서 일러 주고 싶은 마음이 내 속에 강렬하게 작동하고 있는 것이다.

이날 저녁 우리 하늘동산 아이들은 TV를 통해 류 회장님의 삶을 감명 깊게 지켜보았다. 그 분을 본받고자 하는 마음을 깊이 새겼으리라 믿는다.

아래 글은 우리 시설 인내의 집 염태화 선생님이 그 프로를 시청한 후 감동 받은 심정을 글로 기록한 내용이다.

내 꿈에는 장애가 없었습니다.

"원장님께서 아이들과 함께 볼 것을 권하셔서 저녁시간에 한 TV 프로그램을 챙겨보게 되었습니다. 거기서 중복장애를 가졌지만, 너무 멋지게 삶을 가꾸어 오신 아주 큰 한 분을 만나게 되었습니다. 한맥 네트워크의 류시문 회장님이 그 주인공이셨는데, 그 분은, 신체적 제약과 어려운 가정형편을 이겨내고, 지금은 다른 사람들을 돕는 일에 앞장서고 있는 분이셨습니다. 건실한 중소기업의 회장임에도 불구하고, 지극히 검소한 생활을 하고 계셨고 사후에는 그 전 재산을 사회에 환원한다고 합니다. 그런 아버지가 서운하지 않느냐는 질문에 자기는 더 큰 유산을 받았다고 생각하기 때문에 괜찮다고 대답하는 그 아들의 모습도 참 존경스러웠습니다. 프로그램 말미에 길고 긴 시골길을 절뚝절뚝 걷는 회장님의 모습 위로 몇 마디 그 분의 육성이 오버랩 되었습니다.

'내가 장애자 아닙니까? 그렇지만, 내가 가진 꿈에는 장애가 없었습니다. 지금 나한테 가장 심한 장애를 가진 사람이 누구냐고 물으면 세월을 낭비하는 사람이라고 할 것입니다. 내가 가진 꿈에 날짜를 적어놓으면 그것이 현실이 된다는 것을 사람들이 몰라요. 세월을 아끼세요.'

이미 삶으로 증명된 그 한마디 한마디가 아주 큰 울림을 주었습니다."

나는 인터넷 뉴스를 통해 2011년 1월 2일 고용노동부가 한국사회적기업진흥원 초대 원장으로 류시문 회장을 임명했다는 사실을 알게 됐다. 반갑고 기쁜 마음이 앞섰다. 그 기사에는 '류 원장은 취약계층을 고용하는 예비 사회적기업인 한맥 네트워크를 운영하고 있으며 고액기부자 모임인 〈아너 소사이어티〉 회원이다. 사회복지시설 · 학교 · 문화예술단체 등에 지속적으로 기부하고 있다. 현재 로열오페라단 후원회장을 비롯해 한국장애인소리예술단 총재, 좋은사람들 회장, 류관순 열사 기념 사업회 부회장, 한국명곡진흥협회 이사장 등을 맡고 있다.' 라고 소개되어 있었다.

나는 즉시 핸드폰으로 류 회장님에게 축하 전화를 했다. 그는 나에게서 온 전화인 줄 알고 먼저 인사를 했다.

"형님! 새해 복 많이 받으십시오. 제가 먼저 전화를 했어야 하는데 죄송합니다."

"원, 별 말씀을 다 하시네요. 류 회장님! 진흥원 초대회장 취임을 축하드립니다. 정부는 최적임자를 임명한 것입니다. 평소에 가지고 있던 신념을 펼쳐, 나라와 사회를 위해 크게 공헌 하실 줄 믿습니다. 나도 배후에서 하나님께 중보 기도해 드리겠습니다."

"형님! 고맙습니다. 이 일을 맡게 되었으니 우리 사회의 문제를 비즈니스 방식으로 해결하고 고용창출에도 이바지하는 사회적 기업을 발굴하고 지원하는데 혼신의 노력을 다 하겠습니다. 형님! 진흥원이 성남에 있는데요, 꼭 한번 오십시오."

나는 류 회장은 자기가 다짐한 목표를 성공적으로 달성하리라 믿고 있다. 일본에서 경영의 신이라 추앙 받는 마스시다 고노스케가 가난, 허약체질, 짧은 배움에도 불구하고 성공할 수 있다는 불타는 신념으로 위대한 인물이 된 것처럼, 류 회장도 지체 및 청각장애와 가난이라는 3중고를 딛고 더 큰 꿈과 사랑을 실천한 추앙받는 인물이 되리라 믿는다. 나는 그를 위하여 계속 기도하기로 다짐했다.

나는 이른 봄, 한국사회적기업진흥원 출범식에 초대장을 받고 경기도 성남에 개소한 진흥원 출범식 행사에 참석했다. 청와대에서 대통령 실장과 고용 노동부 장관 그리고 여러 명의 국회의원이 참석한 가운데 의미 있는 출범식 모습을 지켜볼 수 있었다. 나는 시종 진정 저소득 계층에게 많은 일자리를 창출해 주어 희망을 안겨주는 기구가 되기를 기원했다. 어느 누구의 축사나 격려사보다 류시문 회장의 인사말이 인상 깊어 여기에 소개한다.

> 지금 이곳은 봄기운 가득합니다. 지금 여기는 생명이 약동하는 소리가 들립니다. 오늘 여기는 한국사회적기업진흥원이 탄생의 신비와 환희를 세상에 알리는 날 입니다.
>
> 사실 저는 오늘 무척 떨리면서 다른 한편으로는 가슴이 벅차오르는 감개무량함을 느끼고 있습니다. 세상 사람들은 저에게 지체와 청각장애, 경제적 궁핍에도 불구하고 발돋움하여 중산층의 사다리를 힘차게 뛰어오른 비교적 성공한 취약계층 출신이라고 합니다.
>
> 어느 정도 맞는 말씀인 것 같습니다. 장애를 가지고 있다는 것

이 또 가난하다는 것이 어떠한 불편을 주는지, 얼마나 부당한 인식과 대우를 받게 하는지 누구보다 잘 알고 있다는 표현인 것 같습니다. 사실 취약계층의 고통과 안타까움을 단순히 이론과 관념의 차원이 아니라 가슴으로 느끼며 공감하며 살아왔습니다. 이 가슴이 앞으로 사회적 기업을 활성화시키기 위한 지혜가 되고 원동력이 될 것입니다.

존경하는 내외 귀빈 여러분

저는 앞으로 한국사회적기업진흥원이 사회적 기업을 위한 탄탄한 토대를 마련하여 사회적 기업이 국민적 자부심과 우리사회의 보편적가치가 되도록 혼신의 힘을 다할 각오입니다.

취약계층이 빈곤에 탈출하여 인간답게 산다는 것은 인권의 문제입니다. 이는 곧 사람의 생명을 귀히 여기는 일로서 정의에 관한 일이기도 합니다. 그리고 소득격차를 줄이는 것은 평등을 실현하는 것입니다. 인권과 정의와 평등은 민주주의의 핵심가치이므로 사회적 기업을 통해 이 땅의 민주주의를 발전시키는 일을 하겠습니다. 민주주의의 발전이 우리 국민이 가지는 보편적 가치가 아니겠습니까?

사회적기업의 활성화는 국민의 역량을 총동원하여 이루어져야 합니다. 다시 말해 중앙정부 및 지방자치단체는 물론이고 민간기업, 비영리단체, 종교단체 등의 자원이 효율적으로 연계되어야 한다는 것입니다. 이를 위해 한국사회적기업진흥원이 국민의 지지를 받으며 사회통합을 이루어내는 기관이 되도록 하겠습니다. 이것이 우리 사회의 자부심이 되겠습니다. 이런 맥락에서 사회적 기업가 육성, 사회적 기업 인증, 소셜 벤처 경연대회, 사회적 기업 교육 및 홍보 등의 사업을 추진함에 있어서도 한 치의 소홀함이 없도록 최선을 다하겠습니다.

존경하는 내외귀빈 여러분, 우리는 지난날에도 현재에도 역사의 진화를 믿어 왔습니다. 그러나 빈부의 격차는 여전히 없어지지 않았습니다. 그럼에도 불구하고 역사의 교훈은 덜 가진 자의 고통은 가진 자의 몫이라고 가르치고 있습니다.

그래서 우리는 우리사회 민간분야의 잠재적 가용 자원을 끌어내어 취약계층의 빈곤 탈출의 에너지로 활용하겠습니다. 나아가 대 국민통합의 전기를 마련하겠습니다. 저희 사회적 기업 진흥원이 혼신의 힘을 다하겠습니다.

마지막으로 격려와 꾸중으로 저희 진흥원을 계속 후원해 주실 것을 믿으며 다시 한 번 참석해주신 모든 분들께 깊은 감사의 말씀을 드립니다. 고맙습니다.

고마우신 박종희 권사님

꿈꾸는 놀이동산 조성공사를 진행할 때의 일이다. 이른 아침 7시부터 비를 맞고 아침도 거르며 오후 2시 까지 배수로 설치를 위한 작업을 했다. 그야말로 중노동이었다. 그 때 내 나이 66살 이었는데 내가 하는 삽질에 비해, 나를 돕던 3명의 큰 아이들은 영 시원치 않았다. 요즘 고등학교나 대학생들과 삽 일을 해 보면 삽질을 해본 일이 별로 없기 때문에 요령이 부족하여 한 삽의 흙이라는 것이 내가 뜨는 것의 2분의 1밖에 안 되는 것 같다. 그래서 나는 종종 큰 녀석들에게 농 섞인 핀잔을 준다.

"야! 이 녀석들아, 나이 많은 나만큼도 못 떠 내냐?"

"잘 안 되는 걸 어찌하겠어요."

"야! 겨우 그 정도 밖에 못하면 밥 못 얻어먹는다. 얘들아! 남자는 적어도 삽, 낫, 호미정도는 자유자재로 사용할 수 있어야 해."

나의 이런 핀잔에 아이들도 할 말이 있었다.

"아이 참. 원장님도, 지금 어떤 시대인데요. 지금 삽질 안 해도 얼마든지 먹고 살아요. 괜히 포클레인이 생겼나요? 이젠 낫으로 벼 베기도 안 해요. 트랙터로 다 하는 걸요."

그들의 말을 듣고 보니 내 답이 궁색해 졌다.

"야, 그래도 말이야, 기계들이 할 수 없는 일들이 있다는 것 알아야 해. 그리고 집에서 소소한 일에 장비를 부를 필요가 있어? 그럴 때 요긴하게 사용할 수 있는 거야. 배워서 남 주느냐?"

이런 대화를 주고받으면서 우리는 웃었다.

그 날, 이렇게 스트레이트로 노동한 결과 몸이 천근만근 피곤에 쌓여 있는데 전화벨이 울렸다.

"이 장로님, 나야. 박종희 권사야."

"아, 누님! 어쩐 일이세요. 제가 문안 드려야 하는데 이렇게 전화 주셔서 고마워요."

"궁금하고, 항상 수고하는 이 장로에게 격려하려고 전화 했어. 보내주는 회지를 받으면 자세히 읽어서 이 장로가 무엇을 어떻게 운영하고 있다는 것 잘 알고 기도해 주고 있어. 이 장로는 끊임없이 새로운 일을 만들어 하고 있더군."

"누님, 정말 고마워요. 사실 오늘도 뒷동산 공원을 만들고 있는데 비가 너무 많이 내려, 배수로가 무너져 아침부터 오후까지 일을 하고 내려 왔어요."

"이 장로, 이제 나이를 생각해야 해요. 무리하면 병나요."

"예, 잘 알겠습니다. 누님 건강은 어떠세요. 저도 누님을 위해서 기도해요."

친 누님처럼 항상 나를 아껴 주시는 박 권사님의 전화를 받고 내 피곤이 눈 녹듯 녹아 내렸다.

박 권사님은 6 · 25 전쟁으로 아버지가 납북당하는 아픔을 가지고 있는 분이다. 서울 아현 성결교회 담임 목사로 시무하던 박형규 목사님이 권사님의 아버지다. 권사님의 막내 동생 박종우 사모님은 그 때 상황을 나에게 이야기해준 일이 있다.

박 목사님은 교회를 지켜야 한다면서 가족들과 피난을 떠나지 않았다. 북한군 탱크는 이틀 만에 미아리 저지선을 넘었다. 미아리 쪽에서 폭음이 터지고 서울 시내에 인민군 탱크의 굉음이 들리고 있는데도 라디오에서는 서울을 사수한다고 방송했다. 하지만 27일 새벽, 대통령과 정부는 남행열차를 탔다고 역사는 말하고 있다. 28일, 서울엔 폭우가 쏟아지고 있었다. 권사님의 가족들은 이날 밤 두려움에 떨며 뜬 눈으로 밤을 지새웠다. 새벽 2시쯤 천지가 진동하는 소리에 놀라 으악 소리가 절로 나왔는데 그건 바로 한강 인도교가 폭파되는 소리였다. 이 다리가 두 동강 나는 바람에 그 위에 있던 수많은 차량들과 800여명의 사람들이 산산이 흩어지며 시커먼 강물 속으로 떨어지고 말았다.

인민군들이 손쉽게 서울을 점령하자, 좌익 사상을 가지고 있던 사람들이 판을 치기 시작했다. 그들은 인민군들을 앞세워 노동자 농민을 제외한 부르주아 계급으로 분류되는 공무원, 경찰, 목회자, 잘 살던 사람들을 표적으로 삼아 인민재판을 하여 즉결 처분하기도 했다. 권사님의 부친 박 목사님도 이 때 울부짖는 네 딸들의 절규를 들으면서 잔혹한 총부리에 떠밀려 북으로 끌려가 생이별을 할 수 밖에 없었다.

박 권사님은 처녀 때, 풍덕원과 천양원을 왕래 하면서 주일학교 선생님이 되어 우리들에게 성경말씀을 가르치셨다. 예쁜 동작으로 성경이야기를 들려주거나 꾀꼬리 같은 음성으로 노래를 불러주면 떠들던 아이들도 조용히 귀 기울여 듣던 모습이 생생하다.

내가 중학생 이었을 때, 권사님을 친 딸처럼 사랑해 주신 유을희 전도사님은 강태집 목사님의 둘째 아들이며 공군 장교인 강온영 대위를 배우자로 중매하여 유성성결교회에서 결혼식을 올려 가정을 이루게 하였다. 그 후 전역하여 서울 신길성결교회의 장로가 된 강 장로님은 70년대 초 공군 중령으로 현역에 있을 때, K5 기지에서 대민 지원 사업으로 우리 아이들을 위해 숙사 1동을 지어 준 일이 있는데, 그 후부터 수십 년 동안 지속적으로 매월 후원금을 지원해 오고 있으며, 지금도 몇 년 전 돌아가신 장로님을 대신하여 권사님이 후원을 계속해 주시고 있다. 동생 되는 박종우 사모님도 김영곤 목사님과 함께 천양원의 후원자로 수십 년 동안 동참하고 있다. 나를 친 동생처럼 사랑해 주시고 격려해 주시기에 나는 늘 하나님께 감사하면서 맡겨진 사명을 즐겁게 감당하고 있다고 믿는다.

간단하게 한 분을 더 소개한다면 여전도사님으로 일생을 헌신

하시다가 지금은 은퇴 여교역자 안식처인 성락원에서 여생을 보내고 계시는 조명숙 전도사님이시다. 평양의 부잣집 따님으로 서울에 유학 와서 공부 중에 6 · 25전쟁을 만나 부모형제들과 생이별하신 분이시다. 고생을 모르고 사시던 20살의 처녀로 전쟁을 만났으니 얼마나 고생을 했겠는가. 천신만고 끝에 부산까지 피난 갔다가 서울 수복 후, 돌아와 신학공부를 하고 전도사가 되어 주님을 위해 헌신했던 것이다.

조 전도사님도 나를 동생처럼 아껴 주시는 분이시다. 전도사님은 모 대학병원에 시신을 기증하였으며, 10여 년 전에는 시설운영에 쓰라고 천만 원을 기부 하였고, 1년 전에는 가지고 계신 전 재산 천만 원을 자신의 사후에 아이들 위해 써 달라고 미리 통장을 맡겨 주시기도 했다. 그것은 곧 천양원 아이들을 잘 길러 성공시키라는 명령이라고 생각한다. 나는 전도사님의 마음이 담겨있는 이 통장을 받고 나의 아내와 함께 눈물 흘리며 감사의 기도를 했다.

여기에 다 소개하지는 못했지만 나의 마음속에는 이런 고마운 분들이 셀 수 없이 많다. 그 분들은 말없이 묵묵히 빛도 없이, 끝도 없이 도와주시면서 기도해 주시고 있다. 이런 후원에 언제나 깊이 감사하고 있으며 나도 후원자님들을 위해 기도하면서 최선을 다해서 맡겨진 사명을 기쁘게 감당하고 있다.

_ 제4장

고래 사냥

걱정 또 걱정

나에게는 하늘 동산에서 성장한 많은 형제자매들이 사회에 나가 행복한 가정을 이루고 살아가는 모습을 보는 것 보다 더 기쁜 일은 없다. 자녀들이 건강하게 잘 자라고, 집을 장만하고 또 자녀들이 어엿하게 장성하여 또 한 가정을 이루어 가는 모습, 정말 눈물겹도록 찡한 감동을 준다.

그러나 그 중엔 가정이 깨어지고, 가정 폭력에 휘둘려 어찌할 바를 몰라 울부짖는 자녀들을 볼 때는 부모의 심정으로 가슴이 찢어지는 아픔을 느낀다. 고아원에서 자랐다고, 부모 없다고 업신여기며 욕설을 퍼붓고 자존심까지도 짓밟았다는 얘기엔 한없는 분노를 느끼기도 한다. 한 가족을 지옥 같은 소굴에서 간신히 건져냈는데 또 다른 걱정거리가 발생했다.

이번에는 질병 문제다. 남편은 사망하고 혼자 살아오고 있는 자매가 있는데 오래 전 어깨부위에 암이 발생하여 이제 그 고통을 감내할 수 없는 지경에 이르고 있다고 고통을 호소해 오고 있는 것이었다. 이제 겨우 취업한 딸들이 있다고 기초생활 수급자 자격도 상실하여 병원에 가서 치료 받기도 어렵다는 것이다.

"하나님, 어찌해야 합니까? 저도 너무 힘들어요. 저의 고달픔을 누가 알겠습니까? 주님은 아실 줄 믿습니다. 하나님, 이 자매를 불쌍히 여기사 병 고침의 은혜를 주시옵소서." 하고 기도하여 기적의 역사를 체험하기도 했다.

이곳에 남매를 맡기고 있는 J형제는 장암을 수술하여 잘 치료되는가 싶었는데 요즘 다시 재발하여 고통을 받고 있다고 한다.

그래서 아내와 나는 매일 새벽예배에 출석하여 우리 형제자매들이 예수를 잘 믿고 축복받게 해 달라고 기도 하는 것이다.

어느 날 오후 사무실에서 일하는 중에 일반 전화가 걸려와 수화기를 받아 들고 깜짝 놀라고 말았다.

"아빠, 나 어떡해……." 하면서 통곡하는 소리가 내 귀를 울리는 것이었다.

"너, 누구니? 침착하게 말해 봐라."

"아빠. 저 순길이에요."

"아, 순길이로구나. 무슨 일이기에 이렇게 통곡하는 거냐."

"저 이혼 당했어요. 아들도 빼앗겼구요. 저 어떻게 해요. 아들이 보고 싶은데도 볼 수가 없어요."

"아니, 너 지난 구정 때 아들 데리고 집에 왔었잖아. 그런데 웬 이혼이야. 그러면 재판 받았을 텐데 왜 아빠에게 알리지 않았니?

내가 도와 줄 수 있는데 말이다."

"아빠에게 또 걱정 끼칠까봐 못했어요."

통곡하며 우느라 말을 잘 잇지 못하는 순길이의 전화에 나는 또 내 가슴 무너지는 소리를 들어야만 했다.

순길이는 4살 때, 할머니가 나에게 맡겼었다. 그 후 연락이 끊어져 연고자는 전혀 없는 상태였다. 어려서부터 나를 아빠라고 스스럼없이 부르며 자랐지만 내 속을 무척 태우곤 하였다. 사랑을 독점하려는 욕심이 있어 다른 아이들과 불화가 빈번했다. 후원자를 맺어주면 지나치게 매달려 곤혹스럽게 만들곤 했다. 초등학교 4학년 때부터 가출하기 시작하여 언젠가는 서울 불광동 파출소에 가서 찾아 온 일도 있다. 그 때 일을 지금도 생생하게 기억하고 있다. 집에 가자는 나를 향해 소리를 지르면서 거절하는 것이 아닌가.

"나, 고아원에 안 갈래요. 안 갈 거야! 안 간단 말이야!"

순길이는 마치 때까치 새끼가 둥우리에서 아이들이 그들을 잡으려하면, "때까, 때까, 때까" 울부짖으면서 부리로 공격하는 것 같았다. 나는 파출소 경찰관들에게 얼마나 부끄러운 생각이 들었는지 모른다. 그들은 나를 향해 못된 원장으로 생각하고, 우리 시설은 아이들을 얼마나 구박하기에 어린 것이 저렇게 가지 않겠다고 버틸까 하고 내 뒤통수에 대고 흉보는 것 같았다.

버티고 반항하는 이 아이를 간신히 설득하여 데려왔다. 그리고는 당시 충남대학교에서 2년간 영어 강사를 하던 Ruth Schaeffer

라는 여자선생님에게 순길이만의 자원 봉사자가 되어줄 것을 요청하여 그녀의 사랑을 독차지하게 한 덕에 초등학교를 무사히 마칠 수 있었다. 그녀가 계약기간이 끝나 본국으로 돌아갈 때 나는 그에게 순길이를 미국으로 데려가 공부시켜줄 것을 요청하자 독신인 그녀는 쾌히 승낙하여 귀국 하자마자, 초청장과 자기가 근무하는 중학교 학교장의 입학 승낙서까지 보내왔다. 우리는 순길이의 비자를 발급 받으려 2년 동안 수고하였으나 두 번이나 비자 발급을 거절당해 그 계획이 그만 무산되고 말았다.

사랑하는 남자를 만나 가정을 이루어 아들 낳고 잘 사는가 싶어 기뻐했는데, 이혼 당하고 아들까지 빼앗겼다고 울부짖는 순길이를 어찌해야할까. 나는 한참이나 멍하니 허공을 응시했다. 그리고는 그를 위해 불쌍히 여겨 달라고 걱정하면서 주님께 기도했다. 고작 그것만이 내가 할 수 있는 일의 전부였다.

사람이 꽃보다 아름다운가

2007년 봄 미국 대학 캠퍼스에서 32명을 총으로 난사하여 죽이고 자기 자신도 자살한 사건을 보고 사람이 저렇게도 악할 수 있을까 라는 명제를 설정하고, 나는 인간의 선과 악에 대하여 논문을 써서 발표한 일이 있다.

유명했던 한 야구선수가 4명의 모자를 살해하여 암매장하고 결국 자기 자신도 한강에 투신하여 자살한 사건도 있었다. 전자는 불특정 다수를 향한 증오가 불러온 사건이고, 후자는 1억 7천 만 원이라는 돈에 눈이 어두워 저지른 사건이었다. 남의 자식 3명을 살해한 살인자가 자기 아들을 걱정하는 유서를 남겼다니 인간의 선악은 참으로 아이러니컬하다.

안치환은 〈꽃보다 아름다워〉라는 노래를 불렀다. 그 가사를 소개하면 다음과 같다.

밤이 깊을수록 말없이 서로를 쓰다듬으며

부둥켜안은 채 느긋하게 정들어 가는지를
슬픔에 굴하지 않고 비켜서지 않으며
어느 결에 반짝이는 꽃눈을 닫고
우렁우렁 잎들을 키우는 사랑이야말로
짙푸른 숲이 되고 산이 되며 메아리로 남는다는 것을
누가 뭐래도 사람이 꽃보다 아름다워
이 모든 외로움 이겨낸 바로 그 사람
누가 뭐래도 그 대는 꽃보다 아름다워
노래의 온기를 품고 사는 바로 그대 바로 당신

결국은 여러 가지 인간으로서의 좋은 품성이 충족된 그 사람이 꽃보다 아름다운 것이지 무조건 모든 사람이 다 꽃보다 아름다운 건 아니라는 것이다.

『제 3의 침팬지』를 쓴 다이아몬드 박사는 인간과 침팬지의 DNA는 98.4%가 동일하다고 했다. 다만 1.6% 차이일 뿐이라는 것이다. 이것은 인면수심이라는 단어가 사실과 동 떨어진 개념이 아니라는 근거가 충분하다고 본다.

그러므로 인간의 본성을 가리켜 '꽃보다 아름답다' 고 하는 말과, '그렇지 않단 말이야, 절대 그렇지 않아' 라고 판단하는 말이 모두 정답이 아닐까.

세상에는 악성루머를 퍼뜨려 남의 인격을 깎아 내리고 그것을 즐기는 사람도 있다. 당하는 사람이 얼마나 괴로워하며 얼마나 큰 충격을 받는지 전혀 헤아리지 않는다.

인간의 마음에는 선함도 있지만 예레미야 17장 9절 말씀에 '만물 보다 거짓되고 심히 부패한 것은 인간의 마음' 이라고' 한 것처럼 악하다고 증거하고 있다.

그러므로 우리는 신앙을 가져야 불합리한 세상의 일로 절망할 때 위로 받고, 악한 감정을 순화시킬 수 있는 것이다. 나는 인간의 악성을 치유할 수 있는 방법은 오직 하나님의 성령의 능력뿐이라고 믿는다. 내가 우리 아이들을 위한 기도 중에 비행에 빠져 있는 아이들 문제를 제일 앞에 두고 있는 이유가 바로 여기에 있다. 그래서 나는 미운 짓 하고, 속 썩이고, 말썽부리는 아이들을 더 사랑해야한다고 강조한다. 사랑 받을 만한 존재로 변화시키자는 것이다.

13살 때 우리 시설에서 가출하여 사회에 떠돌면서 갖가지 비행과 범죄로 소년원과 교도소를 들락거리던 형제가 있다. 그를 바른 길로 인도하려고 무던히도 애를 쓰고 기도했지만 좀처럼 교화되지 않았다. 한 때 그는 나를 협박하기도 했다. 그래서 그를 포기하려고도 했었다. 그러나 그가 주님께 돌아와 사람다운 사람이 되는 모습을 보고 싶었다. 드디어 15년 만에 그는 하나님의 사람이 되었다. 그는 편지 마다 "나는 하나님의 은혜로 용서 받은 죄인입니다."라고 고백하고 있다. 그는 간증 수기 공모에 참여하여 상장을 받았다고 하면서 그것을 나에게 보내왔다. 자기는 난생 처음 상장을 받아 보았노라고 그리고 만원의 상금도 받아 보았다고 감격해

했다. 나는 너무도 감사하여 방문하는 사람들에게 그 상장과 그가 보내온 편지를 보여줄 때가 있는데 그 서신을 읽어 보는 분 들은 대개는 눈물을 흘렸다. 지난 봄 내가 교도소의 가족 면회행사에 참여하여 그를 만나고 온 후 나에게 보내온 서신을 읽으면 그가 얼마나 바르게 변하고 있는가를 알 수 있다.

죄송하고 감사한 아버지께

"저는 하나님의 은혜로 용서 받은 죄인"입니다.

아버지의 건강하신 모습 뵈오니 좋았습니다. 아버지께서 "나도 이제 나이를 많이 먹었다."하시는 말씀에 제가 잘못했던 지난 생각들이 주마등처럼 스쳐지나가며 울컥했었습니다. 눈물 보이지 않으려했는데……. 씩씩한 모습만 보여드리고 싶었는데, 말처럼 쉽지 않았습니다.

아버지, 저 정말 저 밑바닥 나락으로 떨어지는 듯 한 위태위태한 삶을 살아왔는데, 아버지께서 붙잡아 주셔서 지금은 얼마나 행복한지 모릅니다.

요즘도 저의 전철을 밟고 있는 말썽꾸러기 아이들 때문에 걱정이 이만저만이 아니시지요? 그런 걱정에 못난 저의 심려까지 드리게 되어 진심으로 죄송합니다.

아버지의 말씀처럼 천안소년교도소가 마지막이었어야 했는데, 이제는 정말 다시 시작하는 계기로 멋지게 보여 드리겠습니다.

아버지, 저를 믿고 다시 한 번 더 지켜봐 주세요. 아버지의 선택에, 그리고 그 선택을 잡은 저의 마음에 믿음 저버리지 않겠습니다.

제가 천안에 있을 땐 아버지께서 신경을 많이 써주셔서 아주 빨리 수월하게 나올 수 있었지만, 이번에는 조금 늦어서 어떻게 될지는 모르겠습니다. 언제 나가느냐가 중요한 게 아니고, 나가서 어떻게 해야 할 지가 더 중요하기에 큰 관심 두지 않고 있는 동안 더 앞만 보고 달려서 다시는 죄의 사슬에 묶이는 일이 없도록 하겠습니다.

그리고 저 나가자마자 꼭 하고 싶은 게 있습니다. 자동차 운전면허도 따야하고 사회복지사 공부도 하고 싶지만 우선하고 싶은 건 장애인 시설에서 한 달이든 두 달이든 봉사를 하고 싶습니다. 제가 가서 봉사하고 싶은 곳은 소록도입니다. 평생은 못하지만 제가 사회에 복귀해서 바로 하지 않으면 평생 못할 것 같아 그럽니다. 아직 시간이 있으니 아버지의 뜻에 맡기겠습니다.

아버지, 그럼 건강하시고 또 소식 올리겠습니다. 아버지 얼굴 뵙고 나니 좋았습니다. 참, 예산교회 황용현 목사님과 권사님들께서 한 달에 한 번씩 오셔서 함께 말씀 나누며 예배드리고 있습니다. 저 또한 아침저녁으로 잠들기 전과 일어났을 때 말씀 묵상을 합니다.

저는 하나님의 은혜로 용서 받은 죄인입니다.

- 2011년 4월 26일

불효자 이진실 올림

추신 : 아버지 부족하고 못난 놈, 다시 마지막이라는 기회를 붙잡을 수 있게 해주셔서 고맙습니다. 최선을 다하고 매사에 열심히 노력하는 모습 보여 드리겠습니다.

나는 이 형제로부터 이런 서신을 받을 때마다 마음 깊은 곳에서 눈물을 흘린다. 아름다운 사람으로 변화되고 있기 때문이다. 사회에 나가면 제일 먼저 소록도에 가서 봉사하고 싶다는 마음은 꽃보다 아름다운 마음임에 틀림없다.

진정 사람은 꽃보다 아름다워야 한다.

집단 폭행사건과 아가페 사랑하기

어느 토요일 밤이었다. 외출 중이던 나에게 우리 사무국장이 급한 목소리로 전화를 걸어왔다.

"원장님, H(고3)군이 집단 폭행을 당해 피투성이가 되어왔습니다. 얼굴이 부어 형편없는 몰골입니다."

"폭행 가해자는 누구랍니까?"

"황당하게도 우리 집 J(고3)양이 그의 남녀친구 7명을 동원하여 때렸답니다. 그들 중엔 우리 집 D(고2)군도 끼어 있습니다."

"아니, 그 이유가 뭐랍니까?"

"H군이 여자 친구 2명을 우리 시설로 데려오는 바람에 J양과 D양이 시설에 산다는 사실이 학교에 퍼질 것이라고 화가 나서 폭행 사건이 벌어졌답니다. 어떻게 수습해야 하나요? 신고해야 할까요?"

"집단 폭력 행위는 피해자 인권보호 차원에서 신고의무 사항이므로 신고해야지요." 하고 나는 지침을 주었다.

우리는 유성 경찰 지구대에 폭력 사건을 신고했다. 폭력을 행사한 우리 시설의 2명에게는 잘하고 잘못한 것은 경찰에서 따질 일이니 일단 신고의 당위성을 설명했다. 아울러 선생님들과 중고등 학생들에게도 이러한 사실을 자세히 설명하여 오해의 소지가 없도록 하였다.

월요일 아침이 되자 가해학생들 중 한 학생의 모친이 찾아와 울면서 선처를 부탁하는 것이었다.

"원장님, 우리아이는 지금 다른 사건으로 처벌 유예 중이기 때문에 이번에 용서 받지 못하면 처벌을 면치 못해요. 제발 부탁이에요. 선처해 주세요."

일단 경찰 조사를 받아본 후 결정할 것이며, 충분히 사정을 이해하겠다면서 일단 돌려보냈다. 8명의 폭행자들이 경찰지구대에서 조사를 받았다. 합의하면 처벌을 유보하겠다는 경찰의 조사 결과에 따라 모든 학부모들이 우리 원을 찾아와 잘못을 사죄하고 치료비조로 금일봉을 준비해왔다. 우리는 의견 조율 후, 합의하기로 하고 학생들에게도 훈계하여 이 사건을 종결했다. 우리 식구 2명이 주동적으로 행사한 일이니 어쩔 수 없는 일이었다.

친구들에게 시설에서 살고 있다는 사실이 알려져 자존감이 실추됐다는 상실감으로 이런 사건을 일으킨 것 같다. 시설 아이들은 시설에 살고 있다는 사실이 외부에 노출 되는 것을 금기로 생각한다. 이것은 우리 사회가 만들어낸 잘못된 인식이다. 이 문제는 사회 운동을 펼쳐서라도 고쳐야 한다. 지금 장애인에 대한 편견이 개선된 것처럼 말이다.

우리는 폭행당한 H군의 마음을 위로하고 후유증이 없도록 치료와 돌봄을 잘 하기로 했다. 이런 사건이 발생하지 말아야 하는데, 이 사건으로 지도자들의 마음이 혼란스러웠다. 용서하고 계속 선도할 것이냐, 아니면 다른 아동들에게 미친 악영향이 너무 크기 때문에 퇴소 시켜야 할지 결론짓기가 매우 어려운 것이었다. 우리는 가해 당사자 2명에게 용서해 주기로 하되 어떤 벌칙은 주기로 결정했다.

사실 집단 폭행 사건에 가해자 2명의 청소년들에 대한 지도 방법 모색이 정말 어려운 문제였다. 그 문제에 그렇게 오래 매달려 있느냐고 힐난할 사람들도 있을 것이다. 처음엔 아이들과 모든 직원들은 그들을 우리 공동체에서 떠나도록 해야 한다는 의견으로 집약 됐었다. 그래야 마땅한 일임에는 틀림없다. 우리는 다른 시설로 전원 시켜 보려 하였으나, 시설마다 거절하는 대답이 돌아올 뿐이었다. 아동전문기관으로 보내려했으나 이 역시 대답은 NO였다. 연고자 인도방법은 이미 불가능한 것으로 결론이 났었다. 이용시설이 아닌 공동생활시설은 문제청소년 지도가 그래서 어려운 것이다. 다른 아이들에게 많은 영향을 고스란히 안겨주면서 가야 하기 때문이다.

상담 전문지도자에게 의뢰해 보았지만 지도 원리를 적용하기란 공동체생활이기 때문에 한계가 있음을 실감할 뿐이었다. 나는 많은 기도를 하면서 고민을 했다. 지도하는 선생님들과 다른 모든 아이들과 당사자인 이 두 청소년들에게 모두 납득할 방법 찾기란 정말 어려운 일이었다. 진정 솔로몬의 지혜가 필요한 것이다.

솔로몬은 꿈 중에 하나님께서 그에게 "내가 너에게 무엇을 줄고, 너는 구하라."고 하자 그는 복잡한 송사를 판가름 할 수 있는 지혜를 구했던 것이다.

한 집에서 살던 두 여인이 각기 아들을 낳은 지 삼일 만에 한 여인이 부주의하여 자기 아들을 죽이게 되자 살아있는 아이가 자기 아이라고 주장하여 재판이 벌어졌는데 하나님이 주신 지혜로 말미암아 솔로몬 왕은 사건을 명쾌하게 판결할 수 있었던 것이다.

칼을 가져오라 명하고 산 아이를 둘로 쪼개어 각기 한 쪽씩 나누어 주라고 명하자 아들을 죽인 어미는 당장 동의했지만 산 아이의 어미는 그 마음이 불붙는 것 같아서 죽이지 말라 애원하는 모습을 보고 산 아이의 어미가 누구인지를 판단했던 것이다. 얼마나 지혜로운 명 판결인가. 이러한 지혜는 우리네 사회복지사들에게도 꼭 필요한 덕목이다.

나는 생활규칙 준수와 지도원들에게 순종하겠다는 전제 조건과 잘못한 폭행사건에 대한 책임으로 100시간의 노역을 하겠다고 서약하면 이 방법으로 용서하자고 제안 했다. 아이들과 선생님들이 동의했다. 문서로 작성하여 장본인들에게 승낙할 수 있는가 타진한 결과 N양은 동의 했으나, D군은 하루 생각해 보겠다며 미루는 것이었다. 그러나 이 녀석은 용서 받아야 하는 이런 분위기 속에서도 남모르게 작은 아이들 금품을 빼앗고 폭력을 행사한 일들이 알려져 도저히 용서할 수 없는 상황이 되었다. 우리는 그 누나에게 우리 사정 형편을 간곡히 설명하고 누나에게 보낼 수밖에 없었다.

우리 N양은 지난 7월 20일 부터 시원한 시간을 택하여 뒷동산에 올라가 잡초를 뽑는 노역을 하기 시작했다. 며칠 만에 29시간을 했다. 종종 일하는 모습을 점검하려고 동산에 올라가 보면서 내 마음 속에 안쓰러운 생각이 발동했다. 크게 잘못은 했지만 벌 받는 다고 밀짚모자를 눌러 쓰고 굳은 땅에 돋아난 잡풀을 호미로 하나하나 캐내는 모습이 불쌍하게 보이는 것이었다. 100시간을 채우려면 아직도 멀었는데, 아마도 방학동안 줄곧 무더위와 싸우면서 이 노역을 해야 시간을 채울 수 있을 것 같았다.

나는 시간이 허락하는 대로 이 아이를 위해 풀을 뽑아주어 한 시간 두 시간씩 채워 주어야겠다고 결심했다. 큰 아이 몇 명에게도 제안을 했다. 어제는 다른 두 아이들이 나와 함께 1시간씩 3시간을 보태주었다. 오늘도 나와 다른 3명의 자매들이 함께 일하여 4시간을 보태주었다.

이것이 조건 없이 우리를 사랑하시는 하나님의 사랑 〈아가페 사랑〉이라고 생각했다. 사랑은 모든 허물을 덮는다고 했으니 사랑으로 감싸주려는 우리의 작은 이 마음이 벌 받는 우리 자매에게 전달되어 새로운 인격으로 변화되기를 기도했다.

그 후 이 자매는 고등학교를 졸업하고 지금은 대학생이 되어 열심히 살아가고 있다.

또 이르되 칼을 내게로 가져오라 하니 칼을 왕의 앞에 가져온지라, 왕이 이르되 산 아들을 둘에 나눠 반은 이에게 주고 반은 저에게 주라, 그 산 아이의 어미 되는 계집이 그 아들을 위하여 마음이 불붙는 것 같아서 왕에게 아뢰어 가로되 청컨대 내 주여 산 아들을 저에게 주시고 아무쪼록 죽이지 마옵소서 하되 한 계집은 말하기를 내 것도 되게 말고 네 것도 되게 말고 나누게 하라 하는 지라, 왕이 대답하여 가로되 산 아들을 저 계집에게 주고 결코 죽이지 말라 저가 그 어미니라 하매, 온 이스라엘이 왕의 심리하여 판결함을 듣고 왕을 두려워하였으니 이는 하나님의 지혜가 저희 속에 있어 판결함을 봄이더라(열왕기상3:24-28).

고래 사냥

해마다 겨울 방학 때에는 우리 아이들은 고래 사냥을 한다. 이번 겨울 방학 중엔 초등학교 2학년부터 고등학생까지 10명을 했다. 노은동에 있는 성모피부비뇨기과 원장님이 무료로 수고해 주었다. 원장님께 진심으로 감사의 인사를 했다.

요즘 고래 사냥을 한 녀석들은 다리를 벌리고 갈지 자 걸음으로 엉금엉금 걷는다. 나는 이놈들에게 짓궂은 장난을 치기도 했다. 뒤로 살살 다가가 엉덩이를 치면서 고추를 만지는 척 장난을 하면 질겁하고 "안 돼요, 안 돼요!" 하고 소리를 쳤다.

"왜 고추 수술을 고래 사냥이라고 해요?" 초등학교 2년생 현준이가 질문했다.

"그건 말이야 번데기같이 주름진 너의 고추 끝 부분을 포경이라 하지. 고추를 가죽이 덮었다는 뜻이야. 그대로 놔두면 그 안에 이물질이 생겨 병이 날 수 있기 때문에 끝부분 가죽을 잘라내는 수술을 포경 수술이라 한단다. 포경이라는 단어는 고래사냥이라는 다른 뜻이 있기 때문이야. 사람들이 재미있으라고 그렇게 말하는 것이란다."라고 설명해 주었다.

"그리고 말이다, 성경에 이스라엘 사람들이 아들을 낳으면 8일 만에 고추 수술을 했다는 것 알지?"

"예."

"그것이 할례라고 하는 것이란다. 그것은 하나님의 백성이라는 표식이기도 했지만, 위생적으로 고추를 깨끗하게 하는 것이므로 병을 방지하는 효과가 있다는 거야."

"아아, 그렇구나."라고 말하는 녀석에게 고추를 다시 만지려는 시늉을 하자, 또 다시 질겁하면서 "안 돼! 안 돼요!" 하고 소리를 지르며 도망갔다. 나는 큰 녀석, 작은 녀석 할 것 없이 엉금엉금 걸어 다니는 녀석들에게 이런 장난을 하여 재미를 톡톡히 봤다.

성령님의 도우심

성령이라는 단어는 예수를 믿지 않는 사람들에게는 생소한 단어일 것이다. 인간의 학문으로는 설명할 수 없는 성부, 성자, 성령, 삼위일체의 하나님 중에 한 분이시기 때문이다. 인간의 마음과 생각을 변화 시키고 깨우치기 위한 수단은 철학과 종교 윤리 그리고 많은 교육적인 방법이 동원되어 왔지만, 완벽한 수단은 못되는 것이다. 그러나 성령이 역사하시면 순간적으로 아무리 악했던 사람의 마음일지라도 선하게 변화 시킨다.

역사학자 얼릭(Laurel Ulrich)이 미국의 퓰리쳐 상을 받은 책으로 『조산원 이야기(*The Midwife's Tale*)』를 쓴 바 있는데, 그는 마사 발라드라는 여인이 조산원으로서 1,000명 이상의 산모를 찾아가 분만을 도와 한 사람도 목숨을 잃은 적이 없다는 일기를 토대로 쓴 책이었다.

미국의 독립전쟁 당시인 1,770년대 일 이었으니, 통행 수단은 걸어서, 말을 타고, 때로는 카누를 타고 산모에게 달려가 정성껏

분만을 도와 실패한 일이 없었다는 사실은 놀라운 일이다.

2008년 8월 1일자 『오늘의 양식』에 게재된 설교는 상기의 이야기를 인용하여 성령은 사람을 거듭나게 하는 도우미라고 설명했다. 그렇다. 예수님은 요한복음 3장 1절부터 니고데모라는 유대의 관원에게 거듭남에 대하여 설명해 주었지만 그는 이해하지 못했다. 예수님은 육신적인 속성이 영적인 존재로 변한다는 것, 죄로 뭉쳐있는 악한 심성이 선량한 심성으로 변화되는 것을 거듭남(be born again)이라 설명했다.

"어찌 이런 일이 있을 수 있겠습니까?(How can this be?)"라고 그는 의아해 했다. 그러나 성령이 도우시면 얼마든지 가능한 일이다. 하나님 나라를 볼 수 있는 존재로 변화 시키는 것이다. 인간의 생각과 지식으로 설명할 수 없는 기적의 작용인 것이다.

나는 얼마 전 부터 인내의 집 생활지도원 염 선생님, 조 선생님과 방학 중 잠시 강원도 강릉에서 혼자 살고 있는 아버지를 방문하고 있는 K군(중1년)에 대한 걱정과 기도를 하고 있는 중이었다. 어려서 부터 엉뚱한 고집을 부리고, 청개구리 같은 심보로 행동하는 이 녀석 지도가 항상 어려움이었다. 뻔히 아는 사실을 거짓말하여 선생님들을 애 먹였다. 요즘은 선생님들에게 마구 대들기도 한다.

강릉에 가서 아버지에게도 어깃장을 놓고, 대들기까지 하여 체벌을 하였더니 덤벼들어 아버지의 뺨까지 때렸고, 폭력으로 인권위에 고발한다고도 했다는 소식에 우리는 혀를 찼다. 그 후, 한바탕 난리를 치고 집을 나갔다고 하는 전갈이 왔다.

"선생님, 이런 아이들은 우리 힘이나 능력으로는 할 수 없어요. 성령의 힘으로 밖에 할 수 없어요. 기도합시다." 이것이 내가 할 수 있는 답이었다. 오늘 새벽에도 기도회에 나가 K군을 위해 기도했다. 선생님들도 열심히 기도했다. 3일 후 담당 선생님이 나에게 황급히 달려와 큰 소리로 말했다.

"원장님! K군이 집에 돌아 왔답니다."

"그래요?"

"그리고 아버지에게 울면서 잘못 했다고 회개도 했답니다."

"선생님! 성령님께서 도우셨습니다. 불쌍히 여기는 마음으로 계속 기도합시다. 우리가 간구할 바를 잘 몰라도 다 아시고 우리를 돕는 분이 성령님이시니까요." 이렇게 이야기를 했다.

성령께서 역사해 주시어 아이들 마음을 선한 인격으로 변화 시켜 주심을 위해 우리는 쉬지 말고 기도해야 할 이유가 여기에 있는 것이다. 그 응답은 아주 신속할 수도 있고 늦을 수도 있다. 내 경우 금년 만 60대에 들어선 한 형제는 13살부터 비행에 젖어 교도소를 들락거리며 나를 무척이나 애먹였지만 불쌍한 마음으로 포기하지 않고 기도하고 지도한 결과 38살에 범죄의 사슬을 끊고 지금 가정을 이루고 살고 있다. 자그마치 25년을 기다려야 했던 것이다. 그와 내가 주고받은 편지는 수백 통에 이른다.

그러므로 기도 응답의 시기는 전적으로 하나님의 주권에 있다는 사실을 믿고 우리는 쉬지 말고 기도해야 하겠다.

바람이 임의로 불매 네가 그 소리를 들어도 어디서 오며 어디로 가는지 알지 못하나니 성령으로 난 사람은 다 이러하니라(요한복음 3:8).

이와 같이 성령도 우리 연약함을 도우시나니 우리가 마땅히 빌 바를 알지 못하나 오직 성령이 말할 수 없는 탄식으로 우리를 위하여 친히 간구 하시느니라(로마서 8:26).

학업우수상 받은 우리 아이

어제는 금년 마지막 가족회의가 있는 날이었다. 하늘동산 전체 가족들이 모두 모였다. 먼저 상을 주는 순서를 진행했다. 호관별 모범상을 주고, 그 다음 교내외에서 받아온 상에 대하여 상품을 주고 격려하는 순서가 이어졌다.

나는 초등학교에 다니는 27명의 아이들 가운데 학업우수상장을 받아온 아이가 18명이나 된다는 사실에 놀랐다. 67퍼센트의 아이들이 성적 우수자가 된 것이다. 한 명씩 불러 앞으로 나오도록 하여 상품을 주면서 뜨거운 박수를 받도록 했다. 몇 명의 아이들은 전 과목 만점을 받기도 했다.

나는 우리 아이들이 자랑스러웠다. 오늘따라 더 예쁘고 씩씩해 보였다. 우리 가족들은 이 아이들에게 아낌없는 칭찬을 해 주었다.

금년 가을엔 자금사정이 어려워 학원을 중단해야 하기도 했는데 열심히 노력한 결과 좋은 성적을 올린 것이다. 아이들을 담당하여 지도해온 선생님들의 노고도 컸을 것이기에, 선생님들에게도 격려와 찬사를 아끼지 않았다.

나는 이어진 격려시간에 이제 내년엔 경제적으로 더욱 어려워질 터이니 이를 극복하기 위하여 함께 열심히 노력하자고 호소했다. 그리고 요즘 조선일보에 연재되고 있는 『희망편지』의 주인공 중 한 분인 시인 신동수 님에 대한 소개를 했다. 16살에 가출한 소년이었지만 매일 일기를 쓰는 습관으로 시인이 되었다는 이야기, 충북영실애육원생 이지용 군이 서울대학교에 합격한 사례도 소개해 주었다.

장래에 대한 희망과 꿈을 가지고 끊임없이 노력하면 반드시 성공할 수 있고 행복을 만들 수 있지만, 비행에 빠지면 불행해져 일생동안 범죄의 늪에서 빠져 나올 수 없는 사람이 된다고 사례를 들어 이야기해 주었다.

나는 새해에도 하나님께서 우리 아이들에게 더욱 성숙된 모습으로 발전하도록 축복 주십사 매일매일 간절히 기도하고자 한다.

기쁘고 행복한 아침

또 다른 나의 생일날의 이야기다. 나는 이 날도 참 행복했다. 우리 하늘동산 모든 가족들이 생일을 축하한다고 내가 살고 있는 집 출입문 앞에 몰려와 현관으로 나와 달라고 하는 것이었다. 인원이 많아 거실로 들어 갈 수가 없다는 것이다. "아니야, 충분히 들어 올수 있다. 애들아! 모두 들어오너라."하고 거실로 불러 들였다. 몇 년 전 집을 수리할 때 아이들과 함께하는 시간을 가지려고 넓혔기 때문에 모두 들어와도 충분했다. 선생님들과 80여명이 들어와 옹기종기 둘러앉자, 아이들은 자신들이 준비한 생일 케이크를 내 앞에 조그마한 상 위에 올려놓고 예순 여덟을 알리는 촛대를 세우고 불을 켰다.

그리고 "생일 축하 합니다. 생일 축하 합니다. 사랑하는 원장님 생일 축하 합니다." 노래를 부르고 난 후 박수를 치며 몇 개의 폭죽을 터트리고 "와! 와! 와!" 환성을 질렀다. 그리고는 막내 해빈이의 손을 통해 예쁜 포장지로 싼 선물과 생일 카드를 전해 주었다.

선물은 이시형 박사의 저서, 『행복한 독종』이라는 책이었다. 그리고 카드를 꺼내 읽어 보았더니 예쁜 글씨로 이렇게 쓰여 있었다.

사랑하는 원장 아빠!

원장 아빠의 생신을 축하 드려요. 항상 저희들을 위해 기도해 주시고 애쓰시는데 원장 아빠의 기대만큼 따라가지 못하는 것 같아 죄송스럽습니다. 원장 아빠의 가르침대로 저희들은 미래에 대한 꿈을 꾸면서 열심히 노력할게요. 원장 아빠, 너무 무리하지 마시고 건강 조심하세요. 저희 모두 원장 아빠를 위해 기도할게요. 힘 내시구요 매일 매일 행복 하세요. 원장 아빠 완전 사랑해요.

– 하늘동산 가족들 올림

아! 나는 정말 말할 수 없이 행복했다. 이런 마음을 가지고 나를 사랑하는 아이들이 있는 한 나는 몸이 부서져라 내 아이들을 위해 무엇이든 할 수 있겠다고 생각했다. 그날 나는 정말 행복을 만끽했다. 나는 이 행복의 바이러스를 우리 아이들에게 다시 돌려주고 싶다. 그래서 우리 모두가 행복한 가족이 되도록 만들자고 마음먹었다.

하나님께서 나를 얼마나 이 세상에 머물게 하실지 알 수 없지만 우리 아이들 위해 수고를 아끼지 않으며 매일 새벽에 계속 기도할 것이다. 하나님은 나의 기도에 응답 하실 수밖에 없다.

고구마 구워 먹기

오늘 오후 우리 아이들이 고구마 캐기를 했다. 한 호관에 고구마 한 두렁씩 나누어 주어 캐도록 했다. 아이들은 지난 봄에 나약한 고구마 줄기 하나를 심었을 뿐인데, 한 포기에서 주렁주렁 고구마가 매 달려 나오는 것이 너무도 재미있는 모양이다. 인내의 집이 맡은 두렁에서 태혁이가 머리통만한 고구마를 캐내며 소리를 쳤다.

"야! 정말 큰 고구마다!"

다른 아이들이 눈이 커지며 박수를 쳤다.

"와! 진짜 태혁이 머리 만하네!"

고구마를 다 캔 후 선생님들은 굽기 좋은 크기의 고구마를 골라 물로 깨끗하게 씻은 후, 하나씩 은박지로 쌌다. 모닥불에 구워 먹기 위해서다.

우리 하늘동산 가족들은 수요예배를 마친 후, 늘 수요일 마다 예배를 돕는 침례신학대학교 학생들과 함께 〈꿈꾸는 놀이동산〉으로 올라갔다. 밤 7시 30분경이 되었으니 사방은 캄캄했지만 6개의 모닥불이 활활 타오르고 있었다. 늘 우리 집 일을 마음을 다하여 성실하게 해주시는 양원석씨와 LG 나눔회 전 회장 박성규 님이 6개의 모닥불을 피워 놓고 기다리고 있었던 것이다. 그뿐 아니라 박 회장님은 또 다른 이벤트용 소형 조명 등을 이곳저곳에 설치하여 멋있는 축제 장소로 만들어 놓았다. 아이들은 뒷동산으로 뛰어 올라 가면서 소리쳤다.

"야! 멋지다!", "우와!"

조명등 불빛에 비치는 연못과 연못 가운데 분수대에서 분출하는 물줄기, 콸콸 쏟아지는 작은 폭포소리, 높은 전선주 위에 설치된 조명등에서 내려 쪼이는 불빛에 보이는 풋살구장과 정원은 더 멋져 보였다. 아이들은 두 손으로 호호 불며 잘 익은 고구마를 맛있게 먹으며 즐거워했다. 이 아이 저 아이들이 서로 자기의 군고구마를 먹어보라고 내 입에 대 주는 통에 어느 덧 내 배가 불룩해질 지경이었다.

한창 재밌어지자 장난기 많은 남자 녀석들이 다른 아이들, 특히 여자 아이들 얼굴에 검정 칠을 해대는 바람에 이를 피하려고 한바탕 이리 뛰고 저리 뛰는 소동도 벌어졌다.

이 행사를 끝내기 위해 모닥불 주변으로 모두 모이게 하였다.

"애들아, 오늘 재미있었니?" 질문하자, 모두가 "예, 재미있었어요."라고 대답을 했다. 나는 짤막한 연설을 했다.

"봄에 조그마한 고구마 줄기 하나를 심었는데 줄기와 잎사귀들이 싱싱하게 자라더니 뿌리에 주렁주렁 고구마가 생산 된 것처럼, 너희들이 훌륭한 사람 되려면, 어려서 꿈을 마음속에 심어야 한다. 그리고 그 꿈을 잘 길러야 한단다. 이 꿈꾸는 놀이동산은 바로 꿈을 심으라고 만들고 있는 것이란다. 오늘 고구마 구워 먹기 놀이가 아름다운 추억이 되기 바란다."

아이들은 나의 연설에 큰 소리로 "예!"하고 화답했다.

연설을 끝내고 나는 감사기도 후 모든 행사를 마쳤음을 선언했다. 이 날 밤, 나는 기침 감기도 잊은 채 아이들과 함께 행복한 시간을 가졌다. 아이들이 즐겁고 행복해 하는 광경에 나도 행복감을 만끽했다.

조류를 통해 생명사랑 배우기

꿈꾸는 놀이동산에 조류 장을 만들었다. 하늘동산 앞마당에 만들어지는 '천사들의 숲' 조성공사에 대비하여 여자기숙사 앞마당에 있던 조류 장을 뒷동산으로 이사시키게 된 것이다. 판넬과 철망으로 벽을 만들고 지붕은 보온 덮개로 덮은 후 그 위에 튼튼한 천막으로 지붕을 만들었다. 아이들이 구경하기에 참 좋을 것 같았다.

조류 장에는 종류별로 팻말을 만들어 조류 이름표를 달아 주었다. 맨 좌측에는 토종 닭 가족 4마리, 바로 우측에는 실버 오골계 가족 5마리, 그 다음 방엔 홀아비인 백한 1마리가 자리했다. 어서 짝을 구해 주어야 하는데 구할 수가 없었다. 그리고 다음 방엔 금계 한 쌍을 배치했다. 나머지 한 칸은 실버 오골계가 금계 알을 품고 있는데, 새끼가 부화되면 그 놈들이 살 집이 되는 셈이다.

새로 지은 조류 장 바로 우측엔 공작이 살게 되었다. 공작새의 집은 정육각형으로 아래 마당에 있던 것을 번쩍 들어 옮겨 놓았다. 마지막으로 맨 우측엔 토끼 한마리가 살고 있다. 이 녀석도 홀아비 토끼다. 토끼는 태일이에게 맡아 길러 보라고 했다.

5학년생 민희가 한 손에 토끼가 좋아하는 씀바귀 한줌을 들고 다가오면서 한 가지 질문을 했다.

"원장 아빠, 저 한 가지 질문이 있는데요, 왜 오골계가 금계 알을 품고 있어요? 자기가 낳은 알이 아니잖아요?"

"민희야, 너 질문 참 잘했다. 집에서 기르는 금계는 알은 낳으면서 품을 생각을 하지 않는단다. 그래서 대신 품게 하는 거야."

옆으로 따라오던 중학교 3학년 인석이가 다른 질문을 해 왔다. 부화 기간에 관한 것이었다.

"그럼 금계와 오골계의 부화 기간은 똑같은가요?"

"그 질문도 아주 잘 했구나. 닭 종류인 실버 오골계의 부화 기간은 21일이야. 그런데 금계의 부화기간은 23일 이란다. 그래서 나는 이틀 전 금계 알 6개를 먼저 넣어 주고, 이틀이 지난 다음 자기의 알 2개를 넣어 주었단다. 그렇게 하면 같은 날 부화되겠지?"

"맞아요. 부화하는 날이 언제인데요?"

"저기 뒤편에 기록해 놓은 날짜가 있지? 지나간 날짜를 세어 보면 5일 남았구나. 작년에 실험해 보았더니 정확하더구나."

"그 때, 꼭 보여 주세요."

"그래. 자세히 보여주고 또 설명해 줄게."

이렇게 자연스런 교육이 이루어지게 되는 것을 알 수 있었다. 앞으로 조그마한 종류의 예쁜 새들도 들여와야겠고, 홀아비 신세의 백한, 공작새와 토끼들에게는 배필을 구해 주려고 한다. 각종 조류들이 우리 아이들의 즐거움이 되었으면 좋겠다. 이러한 조류들을 친구처럼 사귀게 되면 자연을 사랑하는 마음을 갖게 될 것이다. 자연을 사랑하는 사람은 아름다운 마음과 남을 배려하는 마음과 베푸는 마음을 갖게 되어 생명 존중의 진리를 체득하게 될 것이다. 조류 장을 통해서도 우리 아이들이 행복함과 즐거움을 누리게 되기를 소원한다.

배추 심기

그동안 긴 장마로 가을 채소밭을 만들 수가 없어 배추와 무 등, 김장 채소 심기가 늦어졌다. 막상 밭을 만들려고 했더니 관리기가 고장 나 수리 하느라 또 시일이 늦어져 버렸다. 간신히 관리기로 밭을 갈고 고랑을 잘 만들었다.

나는 포토에서 재배한 배추 묘 7판을 구입했다. 900포기 정도 되었다. 지적공사에서 측량할 때 사용하는 말뚝이 심을 때 아주 좋은 도구가 되었다. 뾰쪽한 부분으로 조그마한 구멍을 만들고 그곳에 물을 부어 배추 묘를 넣고 흙으로 양옆을 눌러 심으면 활착이 되어 배추가 자라게 되는 것이다. 물 붓는 일은 아내가 맡아 나를 도와주었다.

잠시 쉬어 점심을 먹은 후 밭에 나갔더니 보슬비가 내리기 시작했다. 밭의 흙이 촉촉이 젖어 들어갔다. 이제 물을 붓지 않고 구멍만 내고 묘를 넣고 심으면 되었다. 옷이 젖어와 할 수 없이 아래위 우의를 입고 작업을 계속했다.

앉았다 일어나기를 반복하니 허리가 끊어질듯 아파왔다. 양원석씨가 합세하여 800여 포기를 심으니 저녁이 되어 그날 일을 마쳤다. 비가 그치면 아이들이 배추 묘 심기 실습을 해 보도록 밭 2두렁을 남겨 놓았다. 적절한 비로 말미암아 오늘 배추 심기는 정말 오케이였다.

다음 날 오후, 학교에서 돌아온 초등학교 아이들과 배추 밭으로 올라갔다. 한 아이가 5포기씩 심도록 준비했다.

"얘들아! 몇 명이 올라 왔지? 누가 세어봐라."

"하나, 둘, 셋, 넷… 열일곱 명이에요."

6학년 생 민철이가 재빨리 세었다.

"여기 심겨진 배추는 어제 비를 맞으면서 심은 거야. 똑바로 생기 있게 서 있지? 이제부터 배추 묘 심기를 할 터인데, 인규는 저 옆에 있는 수도에서 조루에다가 물을 가득 채워 오도록 해라. 그리고 제일 작은 해빈이 부터 5포기씩 심는 거야. 내가 먼저 심는 방법 보여 줄게."

인규가 조루에 물을 가져왔다.

"여기 비닐로 덮여 있는 두 개의 두렁은 너희들 심어 보도록 하려고 남겨 놓은 것이란다. 내가 이 말목으로 구멍을 이렇게 만들어 주면 인규는 그 구멍에 물을 조금 부어 주는 거야. 그런 후 배추 묘 한 포기를 이 속에 넣고 손으로 양 옆의 흙을 조금씩 눌러 주면 뿌리가 흙 속에 덮어 지는 거야. 이렇게 할 수 있겠지? 그럼 해빈이부터 해봐라."

"예! 할 수 있어요. 이건 식은 죽 먹기죠."

아이들이 모두 자신 있다고 했다. 그렇지만 실제로 배추 묘 심기를 해보니 어떤 때는 뿌리가 끊겨 버리게 되기도 하고, 어떤 경우에는 너무 깊게 묻혀 다시 뽑아내 심어야 하기도 했다. 식은 죽 먹기라고 했지만 아이들은 농사 일이 쉬운 것이 아님을 잘 체험했을 것이다.

배추 심기를 하는 도중 영숙이가 비닐로 둔덕을 덮고 심는 이유를 질문했다. 그 이유는 첫째는 풀이 돋아나지 못하도록 하는 것이고, 둘째는 습기를 잘 보존하여 배추에게 수분을 공급해 주기 위함이고, 셋째는 병충해를 방지해 주기 위하여 덮어 준다고 설명해 주었다. 그것은 결과적으로 농사짓는 노력을 줄여 주게 된다고도 알려 주었다.

이 배추 묘가 잘 자라면 우리 아이들 겨울 김장 배추로 충분히 사용될 것이다. 그리고 우리 아이들은 이 자연학습원에서 이 배추들이 자라는 모습을 관찰하며 배추 재배 방법을 배울 수도 있다.

그 다음 날은 씨 뿌리는 실습을 해보기로 했다. 아이들은 어제 배추심기를 해 본 체험을 즐겁게 이야기했다. 잘 심은 이야기, 잘못해서 뿌리가 꺾어져 버린 이야기, 이파리가 뜯겨진 이야기, 흙을 잘 못 덮어 준 이야기도 했다. 자기들이 심은 배추들을 살펴보면서 힘 있게 자리 잡은 모습에 만족해했다.

"애들아! 오늘은 무, 시금치, 아욱, 갓, 알타리 무 등의 씨앗을 뿌려 보자. 미리 만들어 놓은 이 밭에 심을 거야."

"오늘은 물은 누가 떠 오나요?"

"누가할까!"

"저요, 저요, 저요"하면서 서로 하겠다고 한다.

"오늘은 물이 필요 없음."

"에이~ 원장 아빠는 물이 필요 없으면서 누가 떠 올 거냐고 해요?"

"아, 그렇구나. 이것 봐라. 내가 이렇게 골을 내주면 이 무 씨앗을 이렇게 흩어서 골고루 뿌리는 거야. 그런 후 앞으로 밀쳐놓은 이 부드러운 흙으로 살짝 덮어 주는 거다. 알겠니? 오늘은 남자부터 하기로 하는데, 민재가 시작한다."

민재가 두 골을 잘했다. 돌이 나올 때 마다 밖으로 골라내도록 지도했다. 명관, 규식, 민구 순으로 차례로 남자 아이들이 무밭에 씨를 뿌렸다. 다음은 여자 아이들로 하여금 시금치 씨 뿌리기를 했다. 영주, 아영이, 가영이, 주아, 해빈이 순서로 씨를 뿌렸다. 주아 차례일 때, 곡괭이로 골을 내자 큰 지렁이가 반이 뚝 잘라져 나와 꿈틀거렸다. 그걸 보고는 주아가 깜짝 놀라 소리를 질렀다. 가까이에서 이 광경을 보고 있던 짓궂은 길석이가 잽싸게 지렁이를 손에 잡아 여자 아이들에게 집어 던졌다. 모두 질겁하고 소리치며 저만치 도망쳤다.

"재미있니? 우리 밭에 이런 지렁이가 많다는 것은 자연환경이 잘 보호 되고 있다는 증거란다. 앞으로 오늘 심은 채소들이 자라나는 모습을 관찰해 보자. 그리고 자라면 시금치로 국도 끓여 먹고 나물도 무쳐 먹어 보자. 오늘은 작업 끝.”

이러한 자연 학습원이 있는 우리 하늘동산은 정말 아름다운 곳임에 틀림없다.

금붕어 밥 주기

연못에는 물고기가 헤엄쳐 다녀야 제 멋이 난다. 몇 가지 연꽃을 심고, 창포와 왕골과 옥잠 그리고 갈대를 심고 분수 설치를 하자 〈새롬 연못〉은 참 아름다워졌다.

지난 7월에 수통골에 있는 유성 치매센터 남이우 이사장님으로부터 금붕어 15마리를 얻어다 넣어 연못이 생동감이 있었는데 장맛비에 연못 상단 부분에서 시멘트 독성이 빗물에 씻겨 내려와 금붕어가 몽땅 죽어버리고 말았다. 새빨간 금붕어들이 둥둥 떠 있는 것을 보니 얼마나 안타까웠는지 매우 속상했다.

시멘트 독성이 다 씻겨 없어질 때까지 물고기 입식을 미루고 미루다가 지난 토요일 오후 금붕어 몇 마리를 또 주십사 부탁했더니 또 주겠다고 하여 그릇과 뜰채를 가지고 달려갔다. 비가 내리고 있었지만 그곳 연못에서 간신히 열 마리를 얻어왔다.

10센티미터 정도 되는 금붕어 6마리와 5센티미터 정도 되는 금붕어 4마리를 우리 연못에 넣었더니 이제 살아 있는 연못, 생동감 있는 연못의 모습으로 변했다.

다음 날 아침 주아, 동인이 호인이 민재, 청복이와 민영이를 데리고 금붕어 밥을 주러 연못에 갔다.

"얘들아! 손바닥을 벌려 봐라! 물고기 밥을 손에 줄 터이니 조금씩 물에 던져 주어 봐라."

아이들이 들깨만한 물고기 사료를 던져 주었더니 빨간 금붕어와 분홍 금붕어가 수면 위로 올라와 사료를 입에 덥석덥석 삼켜 먹는다.

"와! 저 고기는 내가 준 밥을 먹었어요." 주아가 말하자 이에 질세라, "내가 준 것도 저기 분홍색 고기가 먹었다!"고 호인이가 소리 쳤다. 사료를 집어 삼킨 고기가 헤엄쳐 창포가 있는 구석으로 달려가자 청복이와 동인이가 그쪽으로 달려갔다. 민재는 자기가 던져 준 사료를 먹으라고 "야! 고기야 이리 와. 이 밥 먹으란 말이야!" 하고 큰 소리를 친다.

우리 아이들이 〈새롬 연못〉에서 이렇게 즐거워하는 모습을 보니 나는 참으로 기쁘고 즐거웠다. 연못 속에는 생동감 넘치는 금붕어들이 있고, 연못 주위에는 생동감 넘치는 우리 아이들이 있어서 나는 참 행복을 느꼈다.

_ 제5장

돕는 길 열어야지

흐뭇한 설날

추석과 설날은 우리 민족의 가장 큰 명절임에 틀림없다. 여기저기 흩어져 살던 자녀들이 부모님 살고 있는 집으로 모여 기쁘고 즐거운 시간을 갖는다는 것은 정말 행복한 일이다. 나는 시설을 운영하면서 명절 날, 어딜 가본 일이 한 번도 없다. 우리 대 가족들의 명절을 즐겁게 해 주어야 하기 때문이다.

그뿐 아니라 우리 둥지에서 성장한 후 가정을 이루고 살고 있는 형제자매들이 우리 내외를 찾아 세배하러 오기 때문이기도 하다. 금년에도 세배를 받고 떡국을 끓여 먹이고, 윷놀이를 하며 즐거운 시간을 갖게 하였다. 세배를 받으며 나는 가정의 중요함을 쉽게 잘 설명해 주었다.

오전 10시 경 부터 사회생활하고 있는 형제자매들이 방문하기 시작했다. 가정마다 두 세 명의 아이들이 딸렸다. 아이들은 할머니 할아버지인 우리 내외에게 세배를 했다. 우리는 이들의 방문을 예상하고, 어른들 선물과 아이들 이름대로 선물을 준비해 두었다가 나누어 주었다. 그리고 다과와 음식을 나누며 이들과 함께 세상사는 이야기와 아이들 양육하는 이야기로 꽃을 피운다. 그들 모두 자기 자식들 사랑하는 모습이 너무도 극진하다는 것을 알 수 있다. 자신들이 부모님의 사랑을 받지 못하고 성장했던 한을 자기 자식들 사랑하므로 보상을 받으려는 심리가 작용하는 것이 분명하다.

아이들이 해마다 자라나는 모습을 볼 때마다 우리는 희열을 느끼게 된다. 출생한지 얼마 안 되었던 것 같은데 벌써 초등학교에 입학하게 된다는 아이들을 위하여 나는 미리 학교 가방을 사 두었다가 선물을 한다. 이번 설에는 15가정 35명의 아이들이 다녀갔다.

그런데 슬픈 이야기도 있었다. Y군의 4살 된 아들이 혈액 암으로 투병 중이라는 소식을 듣고 마음이 몹시도 아팠다. 나는 이 가정과 아들을 위해 간절히 기도해 주었다.

"우리 주님의 손길 닿는 곳에 나사로가 살아나듯, 이 아이를 고쳐 주시옵소서."하고 기도해 주었다. 그리고 앞으로 계속해서 기도해 주기로 약속했다.

나는 사회에 나가 살고 있는 우리 모든 형제자매들이 예수님을 잘 섬겨 하나님의 축복 받기를 위해 늘 기도하게 된다.

너 성공하는 것 볼 거야!

동서고금을 막론하고 훌륭한 건축물들은 그 기초가 아주 튼튼하다는 사실을 알 수 있다. 우리나라의 경주 불국사, 인도의 타지마할, 캄보디아의 앙코르와트, 영화 '마지막 황제' 를 통해 널리 알려진 중국의 자금성이나 만리장성, 로마 바티칸의 베드로 성당, 프랑스의 상징 에펠 탑, 영국의 버킹엄 궁, 이집트의 피라미드나 스핑크스 등, 수많은 고대 건축물들이 이를 증명하는 것이다.

사람도 올바르고 가치 있는 사회 구성원으로서의 인격을 갖추려면 어려서부터 좋은 교육을 받아야한다. 시설 아동이라고 예외일 수가 없다. 그들은 조기교육이 더욱 필요한 존재들이다.

내가 나의 아내를 택한 가장 중요한 요소는 그녀가 유치원 교사였기 때문이다. 아마도 고생이 두려워서 나의 청혼을 거절했겠지만 나는 지속적인 설득으로 혼인을 성사시켰다.

나는 1970년 4월, 결혼을 하자마자 미취학 어린아이들을 위하여 시설 내에 자체 유치원 과정을 만들어 아내로 하여금 교사 노릇을 하도록 했다. 몇 년 후 우리 부부의 자녀를 출산하고 시어머니를 모셔야하는 상황으로 자체 유치원은 중단하고 가까운 전원 유치원에 아이들을 보내기 시작했다. 고맙게도 송미화 원장님은 천양원 아이들의 원비를 면제해 주어 우리의 부담을 가볍도록 배려해 주었다. 오히려 해 마다 성탄절이 되면 원장님과 교사들 그리고 유치원 아이들이 모금한 큰 성금을 기부해 주고 있다.

나의 집무실엔 사각모를 쓴 몇몇 유치원 졸업생들 사진을 가까이 두고 보면서 그들을 위하여 기도하고 있다.

"전능하신 하나님! 저는 이 아이가 성공하는 모습을 꼭 보고 싶습니다. 교회 생활과 직장 생활을 잘 해서 야베스와 같이 존귀한 인물이 되게 해 주시옵소서. 예수님 이름으로 기도 드립니다. 아멘."

나는 이렇게 간단하게 기도한다.

라명철이라는 형제는 그들 중 하나다. 그는 유치원에서부터 고등학교까지 교육을 마쳤다. 그는 성적이 우수하여 인문계 고교를 진학하여 대학에 갈 수 있었지만 공업고등학교를 택하여 우수한 성적으로 졸업한 후 부산에 있는 삼성르노 자동차 입사 시험에 합격하여 현재 회사 생활을 잘하고 있다. 종종 그로부터 전화를 받게 되면 얼마나 마음이 기쁜지 헤아릴 수 없다.

"아버지! 저 명철이에요. 어디 아프신데 없이 건강하신가요? 전 잘 있어요."

"그래, 명철이로구나. 잘 지내고 있니? 항상 안전사고에 대비하고 신앙생활 잘 해야 한다. 돈 관리도 잘 해야 하고, 그리고 말이다, 하나님께 좋은 배우자 만나게 해 달라고도 기도해라."

"예! 잘 알겠습니다. 아버지."

"명철아! 난 너 성공하는 것 꼭 볼 거야! 사랑한다."

그는 휴가를 얻으면 어릴 적 고향인 시설을 방문하여 나에게 문안하고, 후배들을 격려하고 돌아가곤 한다. 그가 회사로 돌아갈 때 내 집무실에 들어와 작별인사를 할 때면 나는 반드시 그의 어린 시절 유치원 졸업 사진을 가리키며 교훈한다.

"명철아! 난 너 성공하는 것 볼 거야! 나는 저기 있는 네 사진을 보면서 너 위해 기도한다. 역대상 4장에 있는 야베스와 같은 존귀한 인물이 되어야 한다. 잊지 마라."

"아버지! 아버지의 교훈 항상 명심 하고 있습니다. 이제 연세가 많으시니 과로하지 마세요. 저도 아버지와 아이들 위해 기도하겠습니다."

나는 나와 이 형제의 약속이 꼭 성취되리라 믿는다. 혹 이 원장은 이 친구만 특별히 사랑하는 것 아니냐고 오해 할 수도 있겠으나 그렇지 않다. 말썽 부리고 속 썩이는 5퍼센트의 아이들을 더 사랑해야 한다는 것이 내가 줄곧 주장하는 나의 지론이 아닌가.

어쨌거나 나는 나의 돌봄을 받았던 아이들이 뛰어난 성공을 한다면 더 없이 좋겠지만 자기 능력 수준에서 보통사람으로 살아갈 수만 있어도 나는 여한이 없겠다. 이것이 나의 간절한 바람이다.

야베스는 그 형제보다 존귀한 자라 그 어미가 이름하여 야베스라 하였으니 이는 내가 수고로이 낳았다 함이더라, 야베스가 이스라엘 하나님께 아뢰어 가로되 원컨대 주께서 내게 복에 복을 더하사 나의 지경을 넓히시고 주의 손으로 나를 도우사 나로 환난을 벗어나 근심이 없게 하옵소서 하였더니 하나님이 그 구하는 것을 허락하셨더라 (역대상 4:9-10).

민혜의 편지

나는 어느 날 퇴소하여 사회생활하고 있는 민혜로 부터 이메일을 받았다. 이메일을 보낸 그녀는 나의 책『받은 사랑 풀어내 놓아라』 217쪽에 "가만히 무덤 속에서 잠드세요."라는 글 속에 소개된 인물이다. 그녀는 초등학교 1학년 때 어버이날에 나에게 보낸 편지 중에 "원장 아버지 사랑해요. 오래 오래 씩씩하게 살다가 가만히 무덤 속에서 잠드세요."라고 써서 박장대소하게 한 일이 있었다. 지금은 장성하여 사회에 나가 열심히 살아가고 있다.

아버지! 안녕하세요.

새해 인사드리러 찾아뵙지도 못하고, 전화도 한 통 못 드린 것이 마음에 걸려서 메일을 남겨요. 새해 복 많이 받으시구요. 새해에는 정말 아버지가 원하시는 일 모두 큰 어려움 없이 이루어졌으면 좋겠어요.

얼마 전에 할머니 댁에 다녀왔어요.

세상에 치여 살다보니 오랫동안 찾아뵙지 못한 것 같아서 다녀왔는데 별로 건강하시지 못한 모습에 마음이 아팠어요. 그리고 천양원 홈페이지 들어가서 아버지가 쓰신 책, 『받은 사랑 풀어내놓아라』를 읽어드리고 왔어요.

다 읽어 드리진 못 했지만 제가 중간 중간 감명 깊게 봤던 부분들 찾아서 읽어 드렸어요. 물론 어이없는 제 편지 이야기까지요. 할머니께서 정말 많이 웃으셨어요.

다 들으시더니 정말 세상에 아버지 같은 분 없다 그러시면서 늘 아버지께 감사하며 살라고 하셨어요. 아버지 아니었으면 제가 어떻게 그 많은 사랑받으면서 부족함 없이 자랄 수 있었겠냐고 하시면서 감사해 하셨어요. 5살 때 저희를 키우기엔 너무 역부족이셨던 할머니께서 교회 집사님이 아버지를 소개시켜주시어 천양원에 가게 되었단 말씀해 주셨는데, 제가 아버지를 만나게 된 것도 다 하나님의 뜻이었나 봐요.

솔직히 열심히 노력은 하고 있지만 경제적으로나 심적으로나 많이 힘든 시기에요. 그런데 늘 포기하지 않고 이를 악물게 하는 건 친부모 손에 자라지 않아도 충분히 성공할 수 있다는 걸 세상에 보여 주고 싶어서입니다. 정말 인생 다 포기하고 싶을 만큼 힘든 날도 많지만 저 절대 무너지지 않을게요.

저번에 말씀드렸던 유아체육 자격증은 잠시 미뤄야 할 것 같아요. 일하면서 하던 요리공부 더 폭넓게 해서 계획 중인 목표가 있어요. 한시도 한눈 팔지 않고 끝없이 꿈꾸고 이뤄내고, 그렇게 살고 싶어요! 그것이 아버지가 저희들에게 반복해서 말씀해주신 거잖아요.

다른 건 생각하지 않고 오로지 성공을 위해서!

오랜만에 쓰는 메일이라 얘기가 많이 길어졌네요. 날씨가 매우 추워졌어요. 겨울철 마다 기침으로 고생하시는 아버지, 감기 조심하시고 다시 한 번 새해 복 많이 받으세요!

민혜의 편지는 이렇게 끝을 맺었다. 이 서신을 읽는 동안 내 마음 속에서 찡하는 전율이 느껴졌다. 친부모가 있으나 부모 도움 없이 홀로서기 하느라 치열하게 살아가는 민혜를 도와주지 못하는 것이 아쉽고 아쉽다. 어려서 세상의 어려움을 모른 채, 내 등에 업혀 "아빠! 아빠!"하던 그 시절이 민혜에게는 행복한 시절이었겠다고 생각해 봤다. 그의 말 대로 꼭 꿈을 이루도록 하나님께서 도와주시기를 계속 기도해 주려고 한다. 높은 곳에 올라가 "민혜야! 힘내라구. 아빠가 기도해 줄 거야." 하고 소리 질러 주고 싶다.

친오빠 같은 원장님

이 서신은 어린 시절 하늘동산에서 성장하여 지금 가정을 이루고 경기도 포천 지방에서 살고 있는 자매가 이곳을 방문하고 돌아가 보내온 서신이다. 옮겨 보면 다음과 같다.

친오빠 같은 원장님

그동안 안녕 하셨는지요?

저도 몸 건강히 잘 있어요. 오빠가 주신 책을 저도 읽어 보았는데 눈물이 자꾸 나오고 재미가 있어 하루 저녁 밤을 새우면서 읽어 보았고 많은 감동을 받았어요.

오빠가 그렇게 심혈을 기울여 아이들을 사랑하는 것을 미처 몰랐는데 이젠 알 것 같아요. 옛날 제가 항상 신발 때문에 아침 조회에 늦게 나가면 혼내주시던 일, 시냇가에서 빠져 죽다 살아났을 때 "위험한 물에 마구 들어가면 안 된다."고 호되게 야단 치셨던 것이 저를 위하는 일이였음을 어른이 되어서야 깨닫기도 했습니다.

저는 어느 누구 보다도 그 곳 하늘 동산이 저의 고향이고 오빠는 저의 친오빠나 다름없이 생각 합니다.

어머님도 다른 아이들 보다 항상 저를 아끼고 보살펴 주셨습니다. 그래서 늘 고향으로 달려가고 싶어집니다.

하지만 가정을 꾸리고 살다보니 여의치 못하여 몇 년에 한번 들리게 되는데 사실은 일 년에 열두 번도 더 가고 싶은 고향입니다. 어머님도 우리 그 사람한테 꿈속에 나타나셔서 "자넨가?" 하시며 사라지셨다고 합니다. 그래서 우리 그 사람이 저보고 천양원에 무슨 일이 있나 한번 가보라 해서 가보니 일주일 전에 어머님이 돌아가셨다는 사실을 알기도 했습니다.

한 달 동안 제가 병간호를 해 드린 적이 있어 우리 집까지 오셨으니 더 없이 그리워지는 어머님이십니다. 이 세상에서 외톨이였던 저를 안아주시던 어머님과 오빠가 더 없이 고마울 따름입니다. 언제라도 고향이 그리워지면 고향에 갈 것입니다.

그럼 안녕히 계세요.

– 현숙 드림

이 자매는 내가 중학교 3학년일 때 초등학교 1학년이었으니, 나보다 열 살 정도 아래라서 나를 오빠라고 부르면서 함께 자란 사람이다. 코를 질질 흘리던 시절, 나는 이 자매 또래의 어린 동생들을 냇가로 데려가 발도 닦아주고 얼굴도 닦아 주곤 했다. 어른들을 잘 따르고 순종적인 착한 성품을 가지고 있는 이 자매는 돌아가신 원장님 밑에서 심부름을 잘 하다가 농촌으로 시집가 살고 있는 것이다.

어머니를 그리워하고 어린 시절 고생하던 시설을 그렇게도 못 잊어하는 이 자매에게 정황 중에 어머니 돌아가신 부고를 전하지 못한 것이 미안하기 짝이 없었다. 그의 남편이 꿈속에 나타나신 어머니를 대하고 무슨 일이 있는가 싶어 찾아왔더니 1주일 전에 돌아가셨다니 너무도 허망하고 슬퍼요 하면서 울어대는 그녀의 통곡에 나와 아내도 펑펑 울었다.

일본에서 온 기쁜 소식

어느 날 밤. 일본에서 한 통의 전화가 걸려 왔다.

"여보세요? 연형 오빠세요? 저 용신이에요."

"그래, 나야. 잘 있었니? 마사오상 잘 있고? 엄마는?"

"잘들 있어요. 그러나 엄마는 이제 93세 고령이라 거동을 잘 못 하셔요."

"오빠! 다름 아니라 저 예수 잘 믿기로 했어요."

이 소리에 나는 나도 모르게 할렐루야! 하고 소리 쳤다.

"내가 교회 간다고 하면 제일 기뻐하실 줄 알았어요. 가까운 곳에 교회가 생겼는데 남자 목사님은 일본인이고 부인되는 분은 한국인 목사님이세요. 제가 유성에서 초등학교 6학년 때인 1959년도에 유성 성결교회에서 세례를 받았다고 했더니 세례주신 목사님 성함을 알아 오라고 하셨어요. 그 때 목사님이 누구시지요?"

이 질문에 역대 담임목사님을 따져보니 고 강현선 목사님임이 단번에 생각이 났다.

"응 그래. 그 때 목사님은 강현선 목사님이셨지."

"맞아요. 키가 크시고 얼굴이 긴 편이셨고 아주 선한 모습이셨어요."

"엄마 옆에 계시면 목소리라도 듣자."

"예. 알겠어요."

"여보세요. 일본 아줌마. 저 이 선생이에요. 반가워요."

"아! 이 선생님. 반가워요. 함 선생도 잘 있어요?"

힘겨워 간신히 말하는 음성이었지만 반가움이 물씬 배어 있었다.

용신 자매의 어머니는 해방이 되어 한국인 남편을 따라 한국에 와 보니 본처가 있고 본처 자녀가 있어 할 수 없이 세 자녀를 데리고 천양원에 와서 그 어렵던 시절 주방에서 궂은일을 다 맡아 했던 성실한 일본 아주머니였다. 그분은 고 유을희 전도사님의 전도로 예수를 믿게 되었다. 한글을 배워 부뚜막에 앉아 성경을 읽거나 큰 가마솥에 옥수수 죽을 끓이느라 긴 주걱을 이리저리 휘저으면서 수고하던 아주머니의 뒷모습이 눈에 보이는 듯 선하다.

그녀는 갖가지 고생을 하다가 일본으로 건너갔고, 세 자녀들을 일본으로 데려가고 싶지만 한국 국적을 가지고 있는 아이들을 데려 갈 수 없어 용신 자매가 장성하여 일본 남자와 결혼하게 된 후에야 세 자녀들도 일본에 건너가 살 수 있게 되었다.

나는 1985년도에 일본에 갔다가 동경 근방에 살고 있는 그 자매의 집에 들른 일이 있다. 예수 믿을 환경이 되지 않아 복음과 동떨어진 생활을 하는 모습에 안타까워하면서 "예수 믿어야 해. 예수 잘 믿어야 해"하고 권면하고 권면했던 기억이 난다. 드디어 교회에 다니게 되었다는 소식은 정말 기쁜 소식 이었다.

내가 이곳 천양원에서 생활하는 모든 아이들에게 예수복음을 전하는 것은 지금은 복음 듣는 것을 싫어하는 아이들도 있지만, 언제인가는 복음으로 돌아오기 때문이다. 하나님은 독생자이신 예수님을 십자가 형벌에 내어 주시기까지 세상 모든 사람들을 사랑하셨고, 예수를 구주로 믿기만 하면 구원을 선물로 주신다는 진리를 아이들에게 열심히 전해야 하는 것이다.

이런 차원에서 몇 년 전부터 겨울 방학 중에는 필리핀에서 사역하는 이모세 선교사님을 초청하여 일주일 동안 새벽기도회를 개최하고 있다. 그러나 예배드리는 자세를 보면 그저 억지로 끌려온 망아지 같은 모습을 보이는 아이들이 있어 마음이 아프다. 선교사의 외침처럼 "예수 승리! 십자가 승리! 부활 승리!"를 깨달아 알게 되기를 간절하게 기도했다.

3월 11일 김용신 자매에게 새로 나온 성경책과 나의 저서 2권과 '오늘의 양식'이라는 소책자를 소포로 보냈다. 소포박스 빈자리에 사탕으로 채웠더니 멋진 선물이 된 것 같았다. 아마 이 소포를 받으면 어린 시절 천양원에서 생활하던 생각이 물씬 일어날 것으로 생각된다. 예수 잘 믿고 우상 숭배에 빠져 있는 일본인들에게 복음을 전하는 일에 앞장 설 수 있기를 빈다.

하나님이 세상을 이처럼 사랑하사 독생자를 주셨으니, 누구든지 저를 믿으면 멸망치 않고 영생을 얻으리로다(요한복음 3:16).

주 예수를 믿으라. 그리하면 너와 네 집이 구원을 얻으리라 하고, 주의 말씀을 그 사람과 그 집에 있는 모든 사람에게 전하더라(행 16:31~32).

돕는 길 열어야지

2008년 7월 초, 나는 주방에서 일하는 지희 엄마로 부터 혜숙이라는 자매가 불치병으로 큰 고생을 하고 있다는 소식을 듣고, 무척 놀랐다. 지희 엄마와 혜숙은 친구 사이이고 우리 시설에서 성장하였으며 혜숙이는 나의 주례로 결혼식을 하여 가정을 이루었던 자매다. 삼남매를 낳고 잘 살던 이 가정의 남편이 술을 마시게 되고 급기야 알코올 중독자가 되어 병원에 입원치료를 받다가 사망하고, 가정은 해체되어 삼남매는 우리 시설에서 양육 받을 수밖에 없는 처지가 되었다. 10년 이상 소식이 없던 혜숙이가 깊은 병이 들었다고 하니 놀라지 않을 수 없었다.

"지희 엄마, 혜숙이가 어디가 아프다는 거야?"

"목에 큰 혹이 생겨 천안 어느 병원에서 작년에 수술을 했다는데, 재발하여 다시 혹이 엄청나게 커졌대요."

"경제 사정은 어느 정도 되는가?"

"아무것도 없대요. 거처하는 곳도 아마 월세 방에서 생활하는

가 봐요.”

“지희 엄마야, 혜숙이 한 번 내려와 보라고 해. 어느 정도인가 내가 좀 봐야겠다.”

며칠 후 혜숙이가 왔다. 정말 오른쪽 목에 끔찍하게 큰 혹이 생겨 있었다. 그녀의 눈에서 눈물이 주르륵 떨어졌다. 아이들을 이곳에 맡겨두고 10년 이상 소식 없이 살아온 과거가 너무 죄송하다고 연신 눈물을 흘렸다.

“괜찮다, 울지 마라. 네게도 말 못할 사정이 있겠지. 아이들은 잘 성장했다. 어떻게 너에게 이런 몹쓸 병이 왔단 말이냐? 수술을 했는데 재발 했다지?”

“예, 작년에 수술을 했는데, 재발 했어요. 암이래요.”

“암이라고……?”

나는 한 동안 말을 하지 못했다. 내가 대학 2학년 때 갓난 애기로 우리 하늘동산 가족이 된 혜숙이, 자라면서 내가 안아도 주고 업어도 주었고, 학교 공부도 시켜주고 내 주례로 결혼하여 가정을 이루게 하여, 행복하게 살기를 바랐는데, 가정이 해체되고 이런 중병까지 얻게 되다니, 이런 불행이 웬 말인가. 나는 마음속으로 “주님, 이 자매를 불쌍히 여겨 주시옵소서.” 기도하면서 그녀를 도와주어야 하겠다고 결심했다. 불현듯 내 마음의 깊은 곳에서 “돕는 길을 열어야지” 하는 소리가 일어났다. 그녀에게 “절대로 희망의 끈을 놓지 마라, 자포자기하지 마라”고 당부했다.

“혜숙아, 내 말 잘 들어 봐라. 이제부터 예수 잘 믿어야 해. 그리고 스스로 하나님께 병 고쳐 달라고 계속 기도해. 나도 함 권사와 함께 기도하면서 도와줄 방법을 열어볼게.”

“예, 알겠어요. 선생님, 고마워요. 정말 감사해요.”

나는 혜숙이를 위해 기도하기 시작했다. 우선 거처가 문제인 것 같아 친구인 지희 엄마의 동의를 구하여 주방에 딸려 있는 방에 함께 기거하도록 하고, 새벽예배에 데리고 나가 목사님에게 특별히 기도를 받게 했다. 지희 엄마는 그를 보양시키면서 위로했다.

나는 그의 치료 방법을 모색하다가 ‘어린이 재단’의 김석산 회장님이 불현듯 생각났다. 도움의 방법을 의논했다. 결론은 사랑의 리퀘스트에 치료 방법을 신청하기로 하고, 서울 원자력병원에 데려가 정확한 진단을 받기로 했다.

나는 진료 예약한 8월 18일 그녀를 데리고 서울 원자력병원을 다녀왔다. 종양이 저렇게 크도록 얼마나 고생했을까 생각하니 마음이 몹시도 아팠다. 친부모와 동기간이 있다면 저토록 방치했겠는가. 1시간여를 기다려 우리 순번이 되어 정형외과 과장 방에 들어갔다. 들어가자 대형 컴퓨터에 3월에 촬영한 종양부위의 사진이 눈에 들어왔다. 사진을 보던 주치의는 동석한 수련의에게 종양 크기를 수치로 알려주었다. 길이가 14센티미터, 넓이는 8센티미터 정도나 자랐다는 것이었다. 주치의는 치료방법이 없으니 약이나 처방 받아가라고 했다.

“선생님, 그래도 어떻게 치료할 방법이 없을까요?”

“수술해 보는 방법이 있으나 그렇게 하려면 팔을 잘라내야 할지도 모릅니다.”

참으로 끔찍한 설명이었다.

“수술을 하지 않는다면 어떻게 되나요?”

“목을 통해 머리 위로 올라가는 동맥을 파먹게 되고, 오랜 동안 고통을 받게 됩니다.”

나는 혜숙 자매에게 질문했다.

“지영 엄마야, 수술하면 팔을 절단하게 될 수도 있대. 그래도 수술을 받겠어?”

혜숙은 “예” 라고 대답했다. 나는 과장님에게 다시 질문했다.

“수술을 받도록 하겠습니다. 수술을 한다면 어떻게 하는가요?”

“이비인후과와 흉부외과 전문의와 상의를 해봐야 하는데, 일단 MRI와 CT촬영을 해봐야 자세한 것을 알 수 있겠습니다.”

“과장님, 그렇게·해주세요.”

이렇게 하여 9월 1일 오후 1시 30분 예약을 잡았고 약도 처방받아 돌아왔다. 돌아오는 길에 나는 차창 넘어 먼 산을 바라보면서 부모 복도 없고, 남편 복도 없는 이 자매에게 왜 이런 가혹한 형벌 같은 병이 들었는지, 가련하고 불쌍한 생각이 들어 눈물이 났다. 장애자가 된다 해도 고칠 수만 있다면 고통스런 수술도 감내해야 한다고 생각했다.

“지영 엄마야! 수술을 받아 보자. 그리고 주님께 간절히 기도하도록 하자. 수술비는 사랑의 리퀘스트를 통해 도움을 요청하고자 한다."

나는 나의 아내 함 권사와 함께 중보기도를 열심히 하기로 했다. "오, 주님! 이 자매를 불쌍히 여겨 주시옵소서."하면서 도움의 길을 계속 열어 갔다.

예약대로 9월 1일 MRI와 CT촬영을 마치고 환부의 크기가 직경 15센티미터나 되는 그녀의 수술은 정형외과, 이비인후과, 신경외과 의사들이 연구 검토하기로 하고 날자는 11월 10일로 결정 되었다.

하루하루를 고통 속에서 지내던 혜숙은 드디어 예정된 날짜에 원자력병원에서 대수술을 받았다. 전 날 유성교회 주일 예배 후 목사님의 특별한 기도를 받은 일이 너무 감사한 일이었다.

수술은 세 명의 전문의의 협력 작전으로 이루어지는 셈이었다. 목에서 머리로 올라가는 신경을 잘못 건드리면 식물인간이 될 수 있다는 주의를 들었기 때문에 수술하는 동안 초초한 마음을 금할 수 없었다. 나는 수술하는 동안 '주님의 능한 손' 이라는 성가를 부르며 기도하기로 했다.

나는 이 성가를 수술실 앞 복도를 왔다 갔다 하면서 수술이 끝날 때까지 수도 없이 작은 소리로 부르면서 '사랑이 풍성하신 주님! 각색 병자들을 고쳐주신 주님! 혜숙 자매를 불쌍히 여겨주시사, 살려 주시고 암의 근원도 완전히 없애 주시옵소서. 하나님이 살아계심을 증거하게 하여 주시옵소서.' 하고 계속 기도했다.

오전 8시 35분부터 시작된 수술은 12시 20분경에 끝이 났다. 보호자 대기실 영상으로 수술 종료 후 회복 중이라는 사인이 뜨자 안도의 숨을 쉴 수 있었다. 30분 후 수술실에서 이동식 침대에 누인 채로 나오는 모습을 보니 반가운 마음이 들었고, 팔을 날려야 할 지도 모른다는 끔찍한 말을 들었는데 그대로 두어 너무 감사해 마음이 찡했다. 함께 초조하게 대기하던 혜숙의 아들 지영이와 침대를 밀고 병실로 돌아와 나는 그의 어깨와 머리에 손을 얹고 기도했다.

"주님! 혜숙 자매를 불쌍히 여겨 주셔서, 고통은 다 물러 가게 해 주시고, 주님의 능력의 피로 모든 환부를 새롭게 지어 주셔서 깨끗이 고침 받게 해 주실 줄 믿습니다. 하나님께 영광 돌리게 하여 주옵소서."하고 기도 했다. 혜숙은 작은 소리로 "원장님, 고맙습니다."하면서 고통을 참느라 몹시도 힘들어 했다. 나는 기도 방법도 알려 주었다. "하나님, 이제 무서운 암의 종양을 제거 하였으니, 재발하지 않도록 완전히 고쳐 주시옵소서. 암세포도 완전히 소멸시켜주실 줄 믿습니다."하고 기도하라고 당부해 주었다.

혜숙 자매의 몸은 큰 수술을 했음에도 빠른 속도로 회복되었다. 수술을 하면서 떼어 낸 조직을 검사한 결과가 1주일 만에 나왔다. 나는 조직 결과를 보고 깜짝 놀랐다. 1년 전 천안 모 병원에서 악성종양으로 진단 받아 수술을 했지만, 재발하여 원자력 병원에서 특진으로 진단한 결과도 암이었는데, 조직검사 결과 암이 아니라 〈질병코드 D섬유 종〉이라고 밝혀졌으니 이것은 놀라운 기적인 것이다. 수술 전 진단이 암이 아니고 D섬유 종이었다는 사실을 알았다면 특진의인 과장이 아닌 다른 일반 의사가 수술을 했을 거라는 것이다.

나는 신앙적으로 해석해볼 때, 우리 교회 목사님과 우리들, 그리고 본인의 간절한 기도를 하나님께서 응답해 주셔서, 암세포를 소멸시켜 주신 결과라고 믿는 것이다. 이러한 사실은 수술비용을 걱정하면서 퇴원 절차를 밟는 과정에 사회사업실 관계자로부터 자세한 설명으로 알게 된 것이다. 치료비중 환자부담금이 2,388,000원으로 청구되었지만, 정부의 긴급지원비로 정산이 되고, 수술 전 암이 아니었더라면 다른 일반 의사가 수술해도 되는 것을 특진 전문의 과장님이 수술하여 '선택 진료비' 953,160원만은 환자부담금으로 부과할 수밖에 없었다는 것이다.

나는 따질 것도 없이 즉시 내 신용카드로 진료비를 결제하고 "할렐루야! 하나님, 감사합니다. 우리 혜숙 자매를 불쌍히 여겨 주셨군요. 암 종양을 종양성 병변으로 변경시켜 주셨습니다. 하나님 감사합니다." 이런 기도를 몇 번이고 되뇌었다. 많은 치료비가 예상되어 어린이재단을 통해 추진하던 사랑의 리퀘스트 출연문제도 필요없게 되었다.

혜숙 자매는 수술 후 17일 만인 11월 18일 퇴원할 수 있었다. 나는 고속도로를 질주하면서 혜숙 자매에게 암을 일반 종양으로 변경시켜 주신 것은 하나님의 치유의 역사인데, 그동안 우리들의 기도를 들어 응답해 주신 것이니, 하나님께 감사하고 영광 돌려야 한다고 일러 주었다. 함께 동행한 천양원 간호사와 지희 엄마, 그리고 홍열에게도 이런 사실을 잘 설명해 주었다.

유성에 돌아와 제일 먼저 교회를 찾아가, 목사님을 방문하여 이런 사실을 자세히 설명 드렸다. 목사님도 혜숙 자매에게 앞으로 예수 잘 믿고 열심히 생활하라고 당부하면서 간절히 기도해 주었다.

이제 혜숙 자매의 거처와 일자리를 마련해 주는 일이 남았다. 이 문제도 하나님께서 해결해 주시리라 믿고 기도하기 시작했다. 우리 홈페이지에 〈돕는 길 열어야지〉라는 첫 번째 글을 올린 날짜가 지난 7월 29일로서, 만 4개월 만에 그 무서운 종양 제거를 성공한 셈이니, 진정 하나님께 감사한 일이다.

혜숙 자매가 수술 후 한 달 만에 독립생활을 시작하여 식당에 취업하여 일을 나가기 시작했다. 그러나 통증이 가라 앉지 않아 고통스러워하는 모습을 보니 안타까웠다. 좀 더 쉼이 필요한 사람인데 살아가야하니 어쩔 수 없는 일이다. 이제 그는 웬만하면 다른 사람 의지하지 않고 살고자하는 마음이 있지만 육신이 고통스러우니 어찌할 바를 몰라 했다. 워낙 크나 큰 종양을 떼어 냈으니, 그 종처가 금방 아무 일도 없던 피부 같겠는가. 혜숙 자매는 생활비를 절약하느라 난방도 제대로 하지 않고 생활했다. 얼마 전 원자력 병원에 가서 검진했던 결과는 일부분에 염증이 있으니 갑상선 검진을 해 보라고 해서 가까운 종합병원에서 검진을 받도록 하라고 했다.

나는 그를 돕기 위해 그의 주소지인 온천 1동에 기초생활 수급자로 선정해 달라는 공문 문서를 만들었다. 그 사유를 자세히 작성했고 증거 자료를 첨부해서 접수 시켰더니, 사회복지 전문 요원이 요청 공문을 받고 친절하게 전화해 주었다.

"원장님, 문서 잘 받았습니다. 서류를 잘 검토하고 본인도 상담한 후 구청으로 수급자 신청을 하겠습니다. 그동안 수고가 많으셨더군요."

"고맙습니다. 꼭 도와주십시오. 본인도 보조 받지 않고 살아 보려고 애를 쓰고 있으나 워낙 통증이 심한 가 봅니다."

이렇게 혜숙 자매를 도울 수 있는 길을 다시 열어 보았다. 혜숙은 지금 교회도 잘 출석하면서 신앙으로 승리해 보려고 노력하고 있는 모습이 있어 아름답다. 이 소식을 알고 한국도자기 이의숙 권사님께서도 거처를 마련하는데 보태 쓰라고 100만원을 보내 주셨다. 너무도 감사했다. 꼭 질병에서 완전히 해방되고 자립도 해서 남도 돕고 살아가는 삶이 되었으면 좋겠다.

참 아름다운 자기와의 약속 이행

약속(promise)의 사전적 의미는 다른 사람과 앞으로의 일을 어떻게 할 것인가를 미리 정하여 두거나, 또는 그렇게 정한 것이라고 정의 한다. 약속과 관련된 또 다른 단어로서 말로 하는 약속인 언약이란 말이 있다. 이 두 단어를 비교해 보면 약속보다는 언약이 좀 가벼운듯한 뉘앙스가 있다. 그러나 종교적인 차원에서 살펴보면 약속보다는 언약이라는 의미가 갖는 무게가 훨씬 크다. 신이 인간에게 약속한 절대 불변의 계약적인 약속을 언약(covenant)이라고 하기 때문이다. 불교의 경전인 화엄경, 또는 법화경이나 다라니경의 내용에 어떠한 언약들이 내재되어 있는지 나는 잘 모른다. 그러나 기독교의 경전인 구약과 신약에는 하나님이 인간들에게 주는 확실한 언약이 있다. 즉 구약은 이 세상에 구세주를 보내주겠다는 약속이고, 신약은 보냄 받은 그리스도가 세상 죄를 지고 십자가 형틀에 죽임 당했지만 부활 후 심판주로 재림 한다는 약속을 담고 있다.

이처럼 약속이란 다른 사람들과 언어로 또는 문서로 맺는 계약적 약속이 있는가 하면, 또 하나 더 자기 자신과 맺는 약속이 있다. 자기 자신과 맺은 약속 이행을 지키느냐 안 지키느냐하는 문제는 전적으로 자신에게 달려 있다.

이 세상의 수많은 사건 사고들은 불완전한 인간들이 서로 만들어 놓은 약속을 깨뜨리는데서 출발한다고 생각한다. 약속 어음이 깨지고, 믿고 있던 당좌수표가 부도나 오늘 이 시간도 수많은 사람들이 발을 동동 구르며 분통을 이기지 못해 발병하여 쓰러지기도 한다.

정치권을 보자. 국가나 지방의 장래를 심사숙고 하지 않고 사탕발림의 공약(公約)으로 표를 얻고 난 후, 그에 대한 책임을 질줄 모르는 정치인들이 얼마나 많은가. 과거 대선 때는 우리 충청권의 표를 의식하여 투표일 4-5일전에 수도이전 공약을 내놓아 어느 특정 정파는 재미를 보았지만, 수도 이전 문제는 위헌으로 판가름나자 공약(空約)이 되어 버렸고, 급기야 이 문제로 국론이 분열되어 온 나라가 큰 갈등에 빠지기도 했던 것이다. 필자는 이러한 세태를 보면서 자신과의 약속을 지켜 아름다운 모습을 보여준 두 인물에게서 큰 교훈을 얻고 싶다.

육군항공학교에서 항공 준사관으로 임관한 전기엽 준위는 1992년 일산 백마초등학교 4학년 때, 시간당 100mm 이상의 폭우로 인해 50여명의 마을 주민들과 함께 죽을 뻔 했지만 그 당시

202항공대대 조종사, 서승철 준위의 긴급출동으로 구출 받았다고 한다. 긴박한 상황 속에서 구출 받은 어린 학생은 "나도 커서 위급한 상황에 있는 사람들을 구조하는 헬기 조종사가 되겠다." 고 자신과 약속을 한 후, 20년 만에 그 약속을 이루어 냈다는 것이다. 참 멋진 사람이다.

또 다른 한 분은 어린이재단 회장으로 재직 중 지난달 69세의 나이로 별세한 고 김석산 회장이다. 김 회장은 6 · 25 전란의 혼란 속에서 부모를 여읜 고아였지만 사회의 편견을 극복하고 당당하게 우뚝 선 큰 인물이 되어 소외된 자들의 모델이 되었다. 그는 한국 사회복지의 산증인이자 소외된 아이들의 아버지 역할을 해왔다. 1963년부터 48년간 어린이재단에 몸담으면서 지금까지 8,300여 명의 미아들에게 가족을 찾아 주었고, 152만여 빈곤아동의 자립을 도왔을 뿐 아니라, 2001년부터는 북한의 어린이들을 위해 70여 억 원을 지원해왔다. 그는 후원자를 개발하여 캄보디아 등 동남아뿐 아니라, 아프리카의 에디오피아, 수단의 아동들까지 지원해 왔다. KBS 사랑의 리퀘스트를 통한 난치병 치료비 지원, 빈곤가정 지원 등은 대단한 업적이었다.

아동시설인 천양원에서 자란 고인은 어느 인터뷰 대담에서 "나는 커서 나처럼 도움이 필요한 아이들을 위해 평생을 살겠다."고 자신과 약속을 했었노라고 고백했다. 장례를 도우면서 나는 수많은 조문객들이 그의 타계를 크게 슬퍼하고 안타까워하는 모습을 목격했다. 이처럼 사람이 약속을 지킨다는 것은 대단히 아름다운 감동의 여운(餘韻)을 남기는 것이다.

아! 슬프다. 김석산 회장 별세(고 김석산 회장님 영전에 드리는 글)

김 회장님! 아니, 사랑하는 형님! 해 맑게 웃던 모습이 진정 그립습니다. 마지막 치료 과정을 마치고 입맛이 없다기에 제주도에서 옥돔을 배송해 드렸더니 "동생, 보내준 옥돔 참 맛있게 먹었어. 고마워." 하고 전화 주시던 음성이 마지막이 될 줄이야 정말 몰랐습니다.

갑작스레 위급한 상황이라는 형수님 연락을 받고 서울대학병원에 달려갔을 땐, 형님은 이미 인사불성이셨습니다. 귓가에 "형님, 동생 왔습니다. 어서 깨어나십시오." 하고 인사를 드렸으나 형님은 아시는지 모르시는지 미동도 하지 않으셔 울음이 나오는 것을 간신히 참았었습니다. 계속 머무를 수 없어 밖에 나와 있는 동안 형님은 무정하게도 우리 곁을 떠나가 버리시더군요.

형님! 지난 봄 한식 때 우리를 길러 주신 어머님 묘소에서 전화 드렸더니 건강 회복하여 금년 추석엔 꼭 함께 성묘 가자던 약속을 어기시고 말았습니다. 이젠 천국에서 어머니를 직접 만나고 계시겠네요.

사랑하는 형님! 아직도 형님 곁엔 우리나라뿐 아니라 가난한 세계 여러 나라의 어린이들이 도움의 손길을 기다리고 있는데 이렇게 황망히 떠나시면 어떻게 합니까? 자신의 건강 문제는 아랑곳하지 않고 불철주야 소외된 이웃을 위해 수고하는 모습이 안쓰러워 하나님께서 평안을 주시려고 일찍 불러 가셨는가요?

'꼬부랑 할머니가 꼬부랑 고갯길을 꼬부랑꼬부랑 넘어 가고 있네.' 라는 유명한 노래를 작곡한 한태근 옹은 말기 암 열두 고개를 음악으로 10년을 넘고 있다기에, 형님도 열두 고개를 넘으실 거라고 동생은 믿었었습니다.

사랑하는 회장님! 장례기간 빈소를 지키며 형님의 자리가 그렇게 큰 줄은 미처 몰랐습니다. 어린이재단은 물론이거니와 우리나라 복지계의 큰 별이심을 미처 몰랐습니다. 수많은 각계각층의 조문객들은 형님의 타계를 크게 슬퍼하였으며 아쉬워했습니다. 너무도 안타까워했고 아까워했습니다. 당신의 자리가 그러했던 것입니다. 그런데 왜 그리 서둘러 가셨단 말입니까?

영결식장 당신의 영전 앞에서 박창래 재단 이사장님은 통분하는 심정으로 눈물을 흘리며 조사를 읽어 형님이 사랑하던 어린이재단 모든 동료들의 마음을 숙연하게도 하였습니다.

형님! 아니 회장님! 시설 출신의 맏형님! 당신은 6 · 25 전란의 혼란 속에서 부모를 여읜 고아였지만 세상과 맞서 당당하게 우뚝 서신 큰 인물이 되어 소외된 자들의 모델이 되어 주셨습니다. 충무교회 장로가 되고, 박사가 되고, 어린이 재단 회장이 되고, 세계 CCF연맹 이사가 되고, 우리나라 뿐 아니라, 북한과 세계 여러 나라의 가난한 어린이들을 돕겠다던 꿈을 이루신 형님의 삶은 참으로 아름답고 훌륭했습니다.

이제 금강이 흐르는 따뜻한 언덕 위에 잠드셨으니 주님 재림하실 때 무덤에서 부활하여 다시 만나게 될 날을 동생은 기다리고 기다리겠습니다.

형님! 이제 무거운 짐, 주님께 내려놓고 편히 쉬십시오.

- 2010. 6. 23

동생 이연형 올림

수고하고 무거운 짐 진 자들아, 다 내게로 오라. 내가 너희를 쉬게 하리라. 나는 마음이 온유하고 겸손하니, 나의 멍에를 메고 내게 배우라. 그러면 너희 마음이 쉼을 얻으리라. 이는 내 멍에는 쉽고 내 짐은 가벼움이라 하시니라(마태복음 11:28-30).

_ 제6장

꿈을 만난 사람

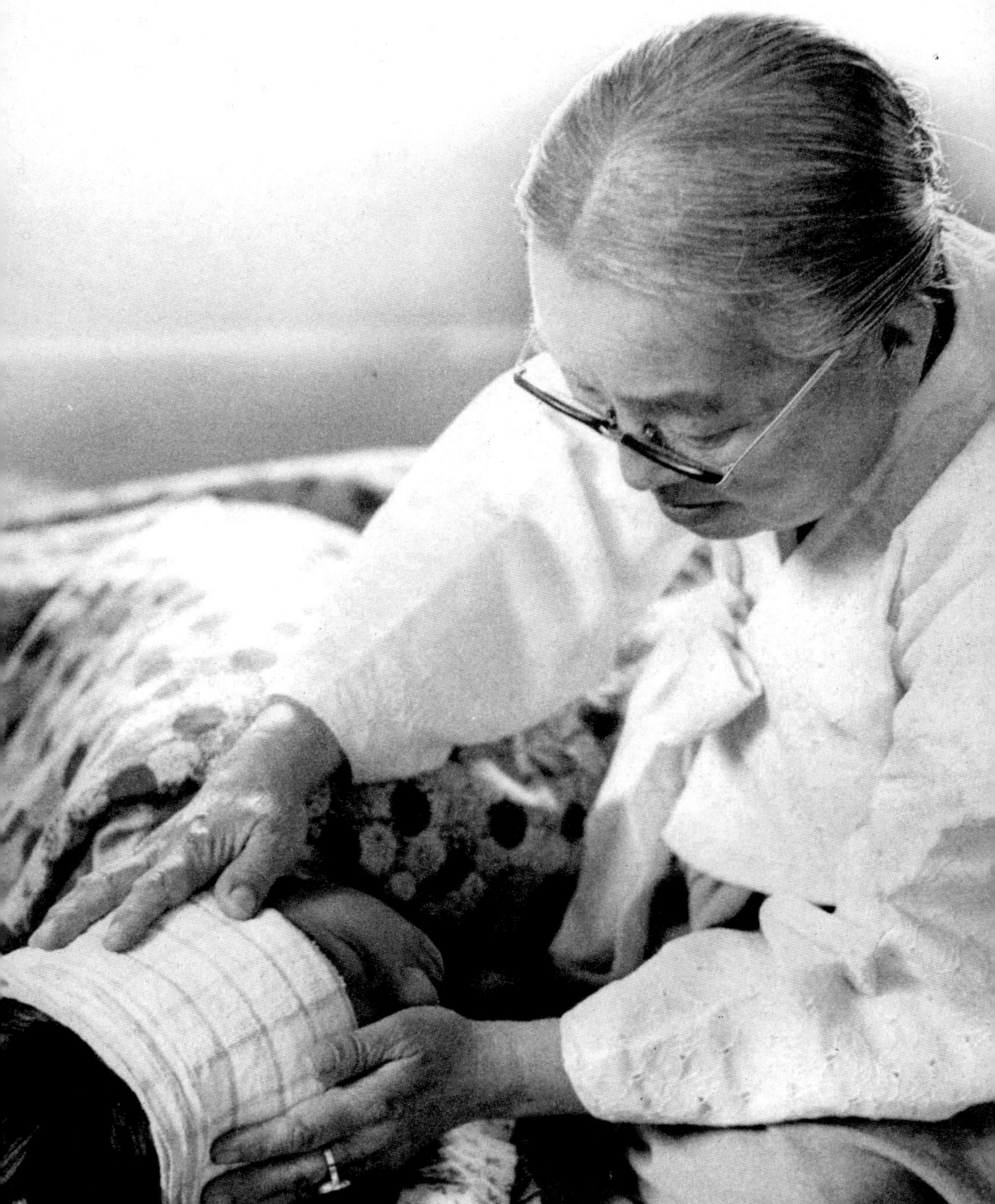

섭리의 시작

여호수아 시대에 요단강을 건넌 이스라엘 백성들에게 하나님은 요단강 바닥의 열두 돌을 길갈에 세워 하나님의 일하심을 잊지 않게 하셨다. 나는 사랑하는 나의 어머니, 유을희 전도사님의 일생에 개입하신 하나님의 섭리를 묵상함으로써 주님을 향한 감사와 찬양을 잊지 않게 될 것이며, 현재의 고난도 넉넉히 이길 힘과 용기를 얻게 될 것으로 확신하고 있다.

유 전도사님의 고향은 부여군 장암면 사산리라는 곳이다. 출생한 집에서 동편으로 가까운 곳에 부여에서 강경으로 금강이 유유히 흐르고 있는 곳이다. 강폭은 넓지만 수심이 얕아 옛날 신라와 당나라 연합군이 부여를 공격할 때 이 지역을 이용했다고 한다. 갑오농민전쟁(동학란)의 총대장이었던 전봉준이 체포되어 1895년 사형됨으로 동학란은 평정 되었지만 집요한 일본의 침략 만행이 계속됨으로 민중들은 살 희망을 상실하고 있던 시절, 1904년 10월

1일 유 전도사님은 부친 유인하, 모친 윤평자 사이에 6남매 중 둘째로 태어났다. 부친은 전도사님이 3살 때 가산을 정리하여 강경으로 이사했다.

아버지는 유교에 심취하여 성균관 유도회 교관직을 가지게 되어 사람들은 그를 유 교관이라 호칭했다. 그는 부촌인 그곳에서 삶의 터전이 안정되자, 금융조합을 설립하여 부자가 되었다. 아마도 유 전도사님에게 3살부터 17세까지의 생활이 일생에서 가장 여유롭고 행복한 시절이었을 것이다.

아버지는 엄격하여 무서운 존재였으며 무서워 가까이 하기가 어려웠지만 자식들 교육은 친히 담당하여 9살 쯤 되었을 때에는 세상 살아가는 방법을 다 배웠던 것으로 회상했다. 17살 되던 어느 날 아버지는 사랑하는 딸을 호출했다. 그리고 지엄한 명령을 한다.

"을희야! 너 노성 숫골의 이 대장 집 셋째 아들 이계정과 혼인을 정했느니라. 네 어미와 혼사 준비하거라."

그 당시는 결혼의 결정권을 부모에 맡기는 세상이었고, 결혼 상대가 누구인지 맞선도 못 보던 시대였다. 이때부터 을희의 마음은 두려움과 호기심이 엉켜 방망이질을 해댔다. 거기에 부모형제와 정든 고향을 떠나야 한다고 생각하니 밤이 되면 눈물이 쏟아졌다. 더구나 신랑은 3살이나 연하라는 사실에 때론 웃음이 나오기도 했다.

혼인 날짜가 가까워 오면서 불안이 더 심해졌다. 을희는 마음이 심란하고 시집살이를 하면 어찌할까 두려워 밥이 넘어 가지 않았다. 간신히 연명만 하고 16일을 굶었더니 당일에는 다리가 덜덜 떨렸다. 가장 총명하다고 이야기하며 딸을 무척이나 사랑하던 아버지는 이 딸을 위하여 값비싼 비단과 명주로 원삼(圓衫)을 지어 입혔다. 연두색 길에 자주색 깃과 색동 소매를 달아 만든 예복은 참으로 아름다웠다. 그리고 머리에는 검은 비단에 구슬로 꾸며진 족두리를 얹었고, 갸름한 예쁜 얼굴에는 연지 곤지 찍어 아름다움을 뽐내 주었지만 신부는 너무 오래 굶은 탓에 눈을 뜨는 것조차 힘들 만큼 기력이 없어 신랑 얼굴도 볼 수 없었다.

드디어 시댁으로 가는 날이 돌아왔다. 하필이면 이 날 비가 많이 내렸다. 시댁이 있는 노성 읍내를 지나 숯골이라 불리는, 주곡리로 들어가는 개울에 당도 했을 때 개울물은 무릎까지 찼다. 신부는 앞서가던 신랑이 종의 등에 업혀 개울을 건널 때에야 가마 문을 통해 살며시 신랑 얼굴을 처음 볼 수 있었다. 신부는 신랑의 얼굴이 좀 길면서 균형 잡힌 잘 생긴 모습임을 알고는 혼자 웃었다. "우리 아버지가 잘 생겼으니, 잘 생긴 사위를 골랐구나."고 중얼거렸다.

조선 숙종 때 최고의 지성인 호가 명재인 윤증(尹拯) 문하에서 학문을 익히고, 스스로 무예를 연마하여 숙종 31년에 무과에 장원급제한 이삼(李森)장군의 후손인 대가 집에서 신혼생활이 시작되었지만, 신랑은 공주 중학교에 다니며 하숙생활을 하여 매일 독수공방이었다. 신혼 방은 안채의 시어머니 바로 옆에 있었고, 시어머니는 며느리가 예쁘고 총명하다고 늘 곁에 두고 다른 일들은 모두 종들을 부렸다. 휴일에 집에 와 함께 잠자리를 할라치면, 지금 생각하면 창피하고 유치하게도 하인이 이부자리와 요강을 들고 왔다.

신랑 계정은 서울 배재학교에 진학하려고 공부에 열심이었다. 종종 주말에 집에 오면 자기 부인이 신학문을 배우지 못한 것을 한탄하곤 했다. 아버지가 완고하여 신식 학교에 보내지 않았던 것이다. 계정은 여자도 배워야하는데 하면서 가르치지 않은 장인을 원망했다. 그는 자기 부인 뿐 아니라, 종들의 자녀들이 배우지 못하는 것을 걱정하면서 방학 때면 그의 형님에게 행랑에 야학당을 만들어 달라하여 가르치기 시작했다. 새 아씨는 그 때 시험을 보면 그들 중 언제나 1등을 했다. 이렇게 중학과정을 남편에게서 배웠다.

계정은 3년 후 배재학교 입학시험에 합격하여 서울로 유학생활을 하게 되자, 그는 부인을 서울로 불러 공부시키려 하였으나 장질부사에 걸려 하마터면 입학이 좌절될 뻔하였다. 그러나 병이 쉬나아 근화학교 3학년에 편입하여 몇 달 재미있게 공부했다. 그러나 시어머니가 시골로 다시 불러내려 하는 수 없이 시댁으로 돌아왔다. 계정이 어머니에게 며느리 공부 시켜달라고 간청하는 서신을 보내자, 초등학교 선생을 모셔와 공부할 수 있도록 도와주었다. 이러한 학습은 신학교 공부를 하는데 필수적인 지식이 되었다는 사실을 나중에 알게 되었다.

계정은 세브란스 의전에 입학하려고 열심히 공부했다. 보성전문학교를 졸업하고 동아일보 기자였던 둘째 형, 이계철은 동생을 열심히 격려했다. 그런데, 이게 웬 일인가! 청운의 꿈을 안고 공부하던 계정은 입학시험을 3개월 남겨두고 그 해 겨울에 맹장염으로 일주일을 앓다가 죽고 말았던 것이다. 지나고 보니 배가 아프다고 할 때 한약을 먹이면서 찰밥을 아픈 부위에 붙여 놓았던 것이 더 빨리 사망케 한 셈이 되었다. 참으로 어이없는 일이었다. 을희는 그 때 23살 이었고, 임신 9개월이었다. 기차를 타고 죽은 자를 애도하러 상경하였으나, 탈진하여 거의 죽게 되었다. 친정아버지는 그녀를 인력거에 태워 병원에 입원 시키면서 딸에게 비탄에 빠진 말을 했다.

"을희야, 정신 차려라. 아이라도 낳고 죽어야지……."

을희는 모기소리만 하게 대답했다.

"아버지, 애 낳고 죽을게요."

시신은 택시를 대절하여 운구했고, 을희는 아픈 몸을 간신히 추스르고 기차로 내려가 장례에 참여했다. 깊은 슬픔 가운데 남편 사망 후 꼭 한 달 만에 딸을 낳았지만, 그의 유일한 소망이었던 딸마저 100일 만에 폐렴으로 죽고 말았다. 을희는 낙망에 빠져 밤낮 울기만 하므로 급기야 병이 나고 말았다. 시어머니와 동서들과 가족들의 위로가 있었지만 아무런 효험이 없었다.

23년 동안 행복한 삶을 누렸고 밝은 미래가 보장 되어 있던 이 여인에게 감당할 수 없는 불행이 일시에 밀려온 것을 우리는 어떻게 설명할 수 있을까. 세상 사람들은 이를 두고 운명이라고 말한다. 그러나 우리 믿는 자들에게는 하나님의 섭리로 설명할 수 있다. 그것은 유을희 전도사님이 살다 간 흔적이 이를 설명할 것이다.

> 또 미리 정하신 그들을 또한 부르시고 부르신 그들을 또한 의롭다 하시고 의롭다 하신 그들을 또한 영화롭게 하셨느니라(로마서 8:30).

유을희 영혼 냉큼 나오너라!

유을희 전도사님이 시집 생활을 하던 8대조 이삼 장군의 고택은 노성의 윤증 선생 고택과 함께 충청도를 대표하는 조선시대 양반가옥으로 충남민속자료 7호이다. 약 300년 전에 지어진 이 고택은 장군이 포도대장, 어영대장, 훈련대장을 역임하면서 영조 3년(1728년) 이인좌의 난을 평정한 공으로 함은군(咸恩君)에 봉해지면서 임금으로부터 하사 받은 집이었다. 3대가 어우러져 사는 대가족이었고, 종들의 가정만도 30여 가정이나 되었다. 남편 이계정은 기독교 학교인 배재학교에 진학하면서 신앙생활을 시작했던 것 같았다. 그는 집안이 우상 숭배하는 것을 원체 싫어했다. 종종 야소라고 쓰여 있는 조그마한 책자를 보내 주면서 읽어보고, 야소를 믿자고 했건만 이상한 책이라고 불태워 없애버렸다. 시댁의 어른들은 착한 심성을 가지신 분들이었고 특별히 시어머니는 종일 남을 펴 주는 착한 성품을 소유한 분이었다. 이렇게 가난한 종들을 구제하거나, 무당들에게 내어 주는 쌀이 1년에 20가마나 되었다고 한다.

첫 아이 임신 9개월에 남편 사망한 후, 한 달 만에 첫아이를 출산 했으나 100일 만에 폐렴으로 죽고 말았으니 절망은 극에 달했다. 유을희 전도사님은 늑막염에 시달렸고, 급기야 정신이상 현상이 일어나기도 했다. 죽어야 하겠다는 생각뿐이었다. 이를 눈치 챈 시고모님은 "3년 내 죽으면 열녀도 못된다. 3년이나 되고 죽어라."고 말씀했다. 이제 웃음은 완전히 잃어 버렸고, 죽는 방법만을 골몰했다. 약을 먹고 죽고 싶었으나, 약을 파는 곳이 없으니 살 수도 없었다.

어느덧 두 번째 기일이 도래하고 있었다. 유전도사님은 제삿날 9일 전부터 굶기 시작했다. 그 때 나이 25살이었다. 종들이 밥상을 차려오면 먹은 것처럼 반찬을 뒤척여 놓고 밥은 물에 말거나, 비벼 상 아래에 놓으면 먹은 줄 알고 지나치는 것 같았다. 기력은 점점 쇠하여 갔고, 정신은 몽롱해져 갔다. 제삿날이 되었다. 시계가 큰 소리로 땡땡 10시를 치는 소리가 들려왔다.

"닭이 울기 전에 죽어야 제삿날이 같을 터인데……"하고 생각했다. 또 친정 부모님이 울컥 생각났다. "어머님…아버님…"을 불러 보았다. 죽음이 다리부터 굳어 올라오기 시작하다가 가슴까지 이르렀을 때 의식을 잃었다.

정신을 잃는 순간 유전도사님은 놀라운 장면이 전개되는 것을 목도했다. 큰 남자가 큰 가방을 들고 걸어오는데 죽은 남편이 그 가방을 받아들고 자기 방 가까이 오지 않는가. 남편은 방 문 밖에

섰고. 잘 생긴 큰 어른이 방에 들어와 앉아서 눈은 감지 않고 기도하는 것이었다. 무슨 말로 기도하는지는 알 수 없었다. 그 큰 어른은 큰 소리로 한 마디 외쳤다.

"유을희 영혼, 냉큼 나오너라!"

유 전도사님은 새처럼 후르르 선반 위로 올라가 자기 모습을 바라보게 되었다. 자기 영혼이 죽은 자신의 육신을 보는 것이었다. 자기의 얼굴은 백지장 같이 희었고, 바싹 말랐으나 미인으로 보였다. "내가 누구 때문에 말랐는지 뼈다귀만 남았구나."라고 생각하니 자신이 불쌍하다고 느껴졌다. 그녀는 "자기 때문에 굶어 죽으려 했는데 자기는 밖에서 쳐다보고만 있네요."라고 원망스런 말을 했지만 남편은 말없이 죽어 누워 있는 아내를 슬픔 가득한 눈으로 바라보고 있었다.

잠시 후 큰 어른은 시신을 향해 말했다.

"내가 네 속에 있는 병 다 고치러 왔다. 이제부터 해부를 한다."

선반 위에 있는 영혼은 낯선 남자가 자기 몸에 손을 대려는 것에 부르르 몸을 떨었다. 그러자 그는 "나는 만병의 대 의사다. 두려워하지 말라!"고 했다.

만병의 대의사라고 하는 그 분은 대야에 물을 붓고 쓱싹쓱싹하는 소리로 배를 가르기 시작했다. 징그러움이 느껴졌다. 그 분은 물건을 집을 수 있는 기구를 보이며, "이것은 핀셋이다."라고 알려 주었다. 그리고는 소독 약통에 넣어 소독을 한 후, 핀셋으로 집어내 "이것은 간, 이것은 콩팥"하면서 장기들을 옆에 있는 그릇에 담아 놓았다.

"내가 자기 때문에 마르고 밥을 굶고 죽으려 했는데 알지 못하는 사람을 데려와 내 몸을 맡겨요? 이렇게 배를 가르게 하면서 귀먹은 척 자기는 구경만 하고 있어요?"라고 말하면서 남편을 원망했지만 남편은 다 듣기만 하는 것이었다.

의사는 이어서 조그만 펌프로 복막염으로 복부에 가득 찬 피고름을 빨아내니 2개의 그릇에 가득 채워졌다. 내장도 펌프질로 모두 닦아냈다. 그런 연후에 들어 내 놓았던 내장들을 도로 다 집어넣어 준 후 무어라 기도하시면서 손으로 갈라놓은 배를 위에서 아래로 쓸어내리니 상처가 감쪽같이 봉합되어 전과 같이 되었다. 수술을 다 마친 그 분은 선반 위에 있는 영혼을 향해 "유을희 영혼 냉큼 내려오너라!" 명하시자 육체 안으로 들어오니 육체가 부르르 떨렸다. 마치 에스겔 골짜기의 마른 뼈들에게 하나님이 친히 생기로 들어가신다는 말씀과 같았다. 그 분은 슬쩍 나가시고, 남편이 슬그머니 들어와 대성통곡하는 것이었다.

"나 때문에 죽으려하고 나를 기다린다고 죽으려 했소? 만병의 대의사가 다 고쳤으니까 이젠 죽을 생각 하지 말아요. 인제는 죽으려 해도 죽지 않고 고생만 하니까 절대 죽으려 하지 말아요." 하면서 남편은 계속 통곡하며 간절히 당부하는 것이었다.

"지금 죽으면 지옥 가오. 그 맘 버려요. 친정 부모, 시댁 부모 계시는데 죽으면 어떻게 하려는 거요. 죽을 생각 하지 말아요."

밖에서 곡하는 소리가 들리기 시작하더니 의식이 조금씩 살아났다. 남편이 통곡하면서 당부한 말이 생생하게 떠올랐다. 그리곤 자신에게 다짐하는 소리를 들었다.

"난 이젠 안 죽어. 난 이젠 안 죽어. 남편은 하나님 나라 갔구나. 난 안 죽어. 우리 아기는 죽었어도 나는 살아야지."

시아주버니와 조카들의 우는 소리가 들리는 것을 볼 때 제사를 지내고 있다는 것을 알고 말문을 열려고 하였으나 혀가 오그라져 말이 나오지 않았다. 6시 곡하는 소리가 마지막 제사인데, 뜨거운 물을 마시고 나가보았으면 좋겠는데 입이 움직이지 않았다. 시어머니는 막내며느리 방에서 지척이 없자, 이상한 예감이 들어 달려 들어왔다.

"얘야! 마지막 제사인데 왜 안 나오느냐?"

"아니, 이게 웬 일이냐? 네가 무얼 먹은 게로구나."

시어머니는 코를 빨고 몸을 마구 주물러 주었다. 그제야 한 손이 미동을 하면서 물 달라는 시늉을 했는지 따뜻한 물을 가져와 숟가락으로 떠 먹여주니 거의 한 그릇이 입을 통해 들어갔다.

"너 왜 그랬느냐?"

"어머니! 저 굶었어요. 죽으려고 굶었어요."

시어머니는 동서들과 종들에게 "너희들, 얘가 이렇게까지 먹지 않은 것을 지금까지 몰랐단 말이야!"고 크게 노하시며 소리를 치셨다. 시어머니의 호통이 있자 동서들이 들어와 "잘못했어, 우리가 잘못했어."하며 깊은 사과를 했다.

이 단식 사건으로 몸이 정상으로 돌아오는데 3개월이 걸렸다.

만병의 의사이신 예수님이 남편과 함께 방문하여 각색 질병을 다 고쳐 주신 신비한 환상을 보았건만 예수님을 구주로 영접하지 못한 것은 사도 바울의 증거처럼 아직 확실하게 복음을 설명 듣지 못했고, 그리스도의 말씀을 읽지 못한 까닭일 것이다. 다음 장에서 그에게 복음이 전해지는 신기한 과정을 알게 될 것이다.

주 여호와께서 이 뼈들에게 말씀하시기를 내가 생기로 너희에게 들어가게 하리니 너희가 살리라. 너희 위에 힘줄을 두고 살을 입히고 가죽으로 덮고 너희 속에 생기를 두리니 너희가 살리라. 또 나를 여호와인 줄 알리라 하셨다 하라(에스겔 37:5-6).

그러므로 믿음은 들음에서 나며 들음은 그리스도의 말씀으로 말미암았느니라(로마서 10:17).

누구나 오라

죽었다가 살아났으면 바로 예수를 믿었어야 했는데, 교회가 없으니 믿을 수가 없었다. 누가 예수 믿자 했으면 믿었을 터인데, 누가 믿자고 하는 사람이 아무도 없었다. 죽지 않기로 결심하여 몸이 회복되자 시어머니는 8살 된 큰 시숙의 장남 이강범을 양자로 정해 주고 새로운 소망을 가지고 살아가라고 위로해 주었다. 몸은 허약해져 자주 발병했다. 그런 연고로 양자 아들을 데리고 강경의 친정집을 빈번히 왕래하면서 3년이란 세월이 훌쩍 지나갔다.

1932년 28세 되던 해 가을, 어깨에 큰 종처가 생긴 둘째 시숙의 9살 먹은 아들, 성범을 데리고 친정에 머물고 있었다. 음력 11월 6일 아파하는 이 아이를 업고 병원에 갔더니. "제일 강사 이성봉 목사, 옥류봉 강경성결교회 부흥집회, 누구나 오라!"라는 광고가 눈에 띄었다. 그 광고 글 중에 "제일 강사 이성봉 목사, 누구나 오라!"라는 글자가 금방 외워졌다. 집에 오는 길에 그 광고가 여기저기 붙어 있는 것을 발견했다. 집에 돌아와 어머니에게 '누구나

오라' 는 벽보가 있다고 했더니, 어머니는 쉽게 "가 봐라."고 하셨다. 이상하게도 마음속에 '누구든지, 누구든지' 라는 말이 자꾸 되뇌어 지고 있었다.

어머니는 "너 혼자는 안 보낸다. 정선이 따라 가거라. 혼자는 가지 마라"고 당부 하였다. 정선이라는 사람은 영희라는 아이의 엄마인데, 여러 번 교회가자고 권유했던 여인이다. 자꾸 가보고 싶은 마음이 일어나고 있었는데 이 여자가 찾아와 유명한 강사 목사님이 오셨으니 그곳에 가자고 권유하는 것이었다. 못 이기는 척 하면서 "그래, 갈게."했더니, "어떻게 오늘은 대답이 쉽네."라고 했다. 영희 엄마는 이 날 여러 명을 데리고 왔다.

교회에 당도했을 때는 집회가 거의 끝나 20분 정도 남았을 뿐이었다. 안으로 들어가니 이성봉 목사라는 분이 설교하고 있었는데 자리가 부족하여 많은 사람들이 서서 듣고 있었다. 그 분은 "회개하라 천국이 가까 왔습니다. 주 예수 믿고 구원 받아요! 믿기만 하면 누구나 구원 받습니다!"라고 외쳤고, 박 군의 심정이라고도 하는 명심도(明心圖)를 가지고 설교했다. 천국을 설명할 때는 주인 영감이 "아! 저기 갔구나. 천국에 갔구먼." 하고 믿어졌다. 20분 정도의 설교를 들었을 뿐인데, 마음이 뜨거워지고, 정신을 잃은 사람처럼 속에서 뒤집어졌다. 회개가 터져 나오기 시작했다.

'보성전문학교를 졸업하고 동아일보 기자를 하는 분이 동생이 맹장으로 병이 났으면 빨리 손을 써 고쳐주지, 어찌 1주일이나 방치하여 동생을 죽게 했나' 하는 원망으로 그동안 시아주버니를 만나기도 싫었고, 쳐다보기도 싫어했던 것을 회개했다. "하나님이 불러 가셨는데 시숙 어른을 내가 미워했습니다." 하면서 퍼부어 울었다. 사람들은 양반집 규수가 처음 나와서 저렇게 통곡하고 우는가 하고 구경하고 있었다. 강사 목사님이 가까이 와 "자매는 왜 우십니까?"하고 물었을 때, "시아주머니 원망했던 것 회개하느라 울었다"고 했더니, "자매님! 이제 됐어요, 됐어요, 회개했으니 주님이 용서하셨습니다."하면서 앞으로 예수 잘 믿으라고 격려해 주었는데 마음에 말 할 수 없는 평안이 찾아왔다.

집에 돌아와 "어머니, 그 분 참 잘 하시네요. 어머니도 같이 가실걸 그랬어요."라고 하니, "네가 믿는 것 보고, 난 찬찬히 가련다." 하셨다.

"어머니, 집회가 극장은 아무것도 아니어요. 좋데요."

"회개 안 하면 지옥 간데요. 아주 깨끗하고 잘 생겼어. 참 좋더군요." 어머니에게 말씀 드렸더니 "나도 가볼 걸 그랬다."고 하셨다. 그 이튿날부터 새벽예배에 참석하며 말씀 배우기에 열정이 생겼다. 이 열정으로 그 이듬해 봄에 대전중앙성결교회에 개설되어 있던 지방 신학교에서 성경을 공부했으며 1년 만에 집사 임명을 받았다.

나만 이 좋은 예수를 믿을 것이 아니라, 우상 숭배하는 시댁 식구들에게 전도해야겠다고 결심했다. 당시 시아주버니가 병중에 있었는데 위중한 병이라 돌아가시면 예수를 믿기로 동서와 약속한 일이 있었는데, 발병 후 10달 만에 돌아가셨다는 기별이 와서 시댁으로 가서 초상을 치르고 난 후, 큰 동서에게 전도했더니 단번에 예수 믿기로 작정했다.

그 시아주버니는 생전에 자기 동생의 댁이 예수 믿는다고 반대하지 않았다. 그는 어느 날 자기 어머니와 그 문제에 대해 이야기한일이 있다.

"어머니, 제수씨가 교회에 다니는가 보죠?"

"마음잡았으니 내 버려둬라. 두사리에 있다는 교회에 종각 세울 재목이 필요하다더라."

"제수씨 필요하다면 얼마든지 베어다 쓰라고 하세요."라고 협조적이었던 시아주버니의 별세를 매우 슬퍼했고, 생전에 전도하지 못한 것이 못내 아쉬웠다.

다음에는 시어머니에게 전도했다.

"어머니, 이 좋은 예수를 저만 믿을 수 없어요. 참말로 좋아요." 하고 권면 했더니, 시어머니는 처음에는 실성한 줄 알고 걱정 하였으나, 한 달 만에 시어머니가 믿기로 작정하였으니 하나님의 놀라운 역사를 어떻게 헤아릴 수 있을까. 생전에 신구약 성경 100독을 하셨고, 돌아가실 때는 "할렐루야!"를 부르고 소천 하셨다니 놀라운 구원의 역사가 아닐 수 없다.

딸이 어찌될까 봐 교회에 나가면 돌아올 즈음 집 근처 전봇대에 기대어 기다리던 친정어머니도 드디어 이성봉 목사님이 두 번째 오셨을 때 교회에 출석하여 믿기로 작정하게 했다.

전도에 열정을 갖게 되자 대전중앙성결교회에 있던 지방 신학교에서 1년을 공부한 후, 서울 아현동에 있는 지금 서울신학대학교의 전신인 경성신학교에 입학하기로 결심했다. 이명직 목사님과 최승범 목사님이 시험을 주관하고 있었다.

최승범 목사님이 "저…유을희씨는 똑똑하고 잘 하는데, 예쁘고 젊어서 조심스러워."라고 했다. 이명직 목사님은 얌전히 앉아 계시더니 "젊고 예뻐서 걱정스럽긴 해도, 그건 자기 마음에 달려 있는 것이니 성결교회의 일꾼으로 삼아야겠어."라고 하면서 "훌륭한 전도사로 만들어야겠어." 하고 두 분이 다짐하면서 입학을 허락했다. 유을희는 "젊고 예뻐서 위태롭다."는 말과 "자기 마음에 달려 있는 것"이라는 말을 마음에 깊이 새겨 두기로 했다. 일을 지어 성취하시는 하나님은 이렇게 유을희를 자기의 사역자로 사용하기 시작하였던 것이다.

피 고드름의 환상
- 노성성결교회 개척

시어머니와 큰 동서에게 전도하여 성공한 후, 둘째 동서를 전도하고 계속해서 행랑채 사람 하나를 전도하여, 시댁에 와 있는 주일이면 20리 밖에 있는 두사리 감리교회에 행낭사람을 데리고 예배를 드렸다.

유 전도사는 신학교를 다니면서 노성에 성결교회를 세워야하겠다는 결심을 가지고 기도를 시작했다. 1938년 3월 신학교를 졸업하자마자 교회 개척 준비를 하면서 강경교회 오영필 목사님에게 말씀드려 교회개척의 지원을 요청하였다. 그리고 같은 해 6월 16일 정희석 장로님, 여전도사님과 집사님 3분 등 6명이 숫골 이삼장군 고택 앞마당에서 당시 33세였던 오영필 목사님이 나팔을 불자, 60여명이 모여들어 그들에게 예수 믿으라고 전도하였더니 13명이 결신하였다.

이에 힘을 얻어 노성 읍내에 옛날부터 나그네들의 쉼터로 사용하던 객사를 예배당으로 사용했더니 주재소의 일본 순사들이 나와 사용을 금하면서 쫓아내는 것이었다. 할 수 없이 교촌리에 있는 윤증 집안 종손되는 윤하중씨의 소유인 잠사를 사용하도록 허락받아, 1938년 8월 26일 장년 70여 명 유년 100여 명이 모여 노성성결교회 창립예배를 드렸다.

윤하중씨의 아들은 유전도사님의 부군과 함께 서울에서 같은 하숙방에서 공부하던 친구사이로 친구가 갑자기 사망한 사건에 충격을 받고 시름시름 앓다가 3년 후 그도 역시 요절하였다. 그 분의 며느리도 청상이 되어 슬픔 가운데 생활하다가 유 전도사님의 전도로 예수를 믿고 동병상련의 심정으로 유전도사님의 동생이 되어 호형호제하며 마음의 안정을 찾게 되었다. 이러한 변화를 기쁘게 여긴 시아버지는 기독교에 우호적인 사람이 되었다.

그곳에서 9월 20일부터 김영균 목사님을 청빙하여 5일간 부흥회를 개최했다. 연일 정유년 300여 명씩 모여 은혜를 받았고 결신자가 100여명이나 되는 큰 성과를 거두었다. 윤하중씨는 기독교에 관심이 있었지만 차마 양반 체면에 집회 장소 안으로 들어가지는 않고 밖에서 설교를 경청하고 있었다. 어느 날 밤 부흥회를 인도하던 강사 목사님이 설교 중에 다말 사건을 강론하자 예수를 믿어볼 마음을 가지고 있던 윤하중씨는 기독교에 대하여 적대적인 사람이 되고 말았다.

다음 달 10월 22일 이리에서 개최된 제 6회 충호지방회에서 유을희 전도사는 '정주전도부인' 승인을 받았는데 지금의 전도사 자격인 것이다. 교회로 돌아오자 청천벽력 같은 소릴 듣게 되었다. 윤하중씨는 “전도부인, 예수교는 참된 종교인줄 알았는데 지난 부흥회 때 이야기를 들으니 며느리가 시아버지와 관계를 가졌다고 하지 않소? 그런 더러운 종교를 내가 용납할 수 없소, 그러니 이 잠사를 빌려줄 수 없으니 비우시오.”라고 쫓아내는 바람에 성도 70여명과 함께 찬송가대를 들고 노성산 기슭으로 가서 소나무 사이 야외에서 예배를 드리게 되었다. 설상가상으로 산 주인은 신자들이 나무를 꺾는다고 또 내어 쫓는 바람에 신자들은 10여명이 남고 다 떨어져 나갔다.

그러나 다행히 면사무소 면장과 서기 내외가 믿기로 작정하고 용기를 북돋아 주어 신자가 15명 쯤 되었다. 그리하여 그해 겨울 이재규씨라는 사람의 방 하나를 얻어 다시 예배를 드리기 시작했다. 이러한 악연이 있었지만 윤하중씨의 증손녀 윤경남은 유전도사님의 작은 시숙 이계철 씨의 차남 이예범과 결혼하여 지금은 교회의 집사와 권사가 되었다.

유전도사님은 어느 날 “네가 가시 밭 같은 곳에 와서 교회를 세운다고 하면서 금식 한번 하지 않고 되겠느냐?”는 생각이 불현듯 깨달아졌다. 즉시 월요일부터 물도 마시지 않는 단식기도를 시작했다.

“하나님, 예배당 못 지으면 죽으렵니다. 부끄러워서 못살겠습니다. 하나님 역사해 주세요. 응답 주시지 않으면 전 정말 죽으렵니다. 교회를 짓는다는 것은 너무 막연한데 어찌해야 합니까? 내게 부르짖으면 크고 비밀한 것을 보여주신다 하지 않으셨습니까?"

이렇게 결사적으로 기도했다. 눈물이 펑펑 쏟아질 때도 있었다. 5일이 지나도 아무런 응답이 없었다. 기진맥진하여 토요일 새벽녘 기절하듯 쓰러져 버리고 말았다. 이때 "예수피로 교회가 섰다!"라는 천둥소리 같은 소리가 들렸다. 그리고는 면사무소 근방 큰 정자나무 아래 터전에 환한 빛 가운데 초가지붕에 벽은 하얀 회로 바른 깨끗한 교회가 나타났고, 처마에는 피 고드름이 매달려 발을 쳐 놓은 것 같은 모습이 보였다. 얼마나 좋은 교회인지 형언할 수 없었다.

"주여!" 하고 일어나니 환상이었다. 날이 새면 그곳을 찾아가야겠구나 생각하면서 다시 기도했다.

"주님! 기막힌 환상을 보여 주셨는데 맨주먹으로 어떻게 교회를 짓는단 말입니까? 땅과 건물 지을 돈도 주셔야지요. 주님!" 눈물이 비오듯 쏟아졌다. 그리고는 다시 쓰러졌다. 비몽사몽간에 이번엔 집 주인 이재규씨가 나타나 대화를 했다.

"전도사님 제가 이걸 드릴 터이니 파세요. 이 다릴 파세요."

"뭐요?"

"이 시멘트 다리요. 급하게 팔면 250원(30평 건물 지을 수 있는 돈), 싸게 팔면 150원, 나중 팔면 350원을 받을 거예요. 이것을 팔아서 교회를 지으세요."

"아이고, 다리를 어떻게 팔아요?"

“다리를 팔면 돈이요.” 하고는 사라져 버렸다. 그래서 벌떡 일어나, 명백한 응답으로 확신하고는 다리를 팔던 집을 팔던 이재규 씨를 통해 응답하시는구나 하고 기쁨이 충만했다. 아! 만사형통이로구나! 기도 자리에서 벌떡 일어났다. 새벽 3시 30분이었다. 다리는 휘청거려 걸을 수가 없었다. 간신히 일어나 함께 2일 동안 금식하고 있는 집주인 오 집사에게 “나 응답 받았어!”하니 깜짝 놀라는 것이었다.

그날 아침 이재규씨가 야근하고 들어오면서 “유 전도사님! 저희들은 서울로 이사 가기로 했습니다.”고 하는 것이었다. “가면 어떻게 해요.”라고 반문하니, “땅 300평과 이 집도 그냥 드릴 터이니, 지금 팔면 250원이고 임자 만나 팔면 350원 받을 것입니다. 이것을 팔아 교회를 지으십시오.”하는 것이 아닌가. 정말 놀라운 기적이었다.

죽을 먹고 기운을 내 주일 예배 후, 다음 날인 1939년 4월 24일 기도 중 보여 주셨던 자리를 힘겹게 찾아 갔다. 거기엔 좋은 집이 하나 있었는데 알고 보니 남편의 초등학교 친구의 집이었고, 그 사람은 언젠가 친구 부인이 전도부인이 되어 돌아다니는 모습 보고는 천덕꾸러기가 되었다고 눈물 흘렸다는 친구였다. 그의 어머니에게 이 땅을 도지로 빌려 주던가, 팔았으면 좋겠다고 요청했다. 친구의 아버지, 이약우 씨는 영을 엮고 있다가 자기 부인에게 뜻 밖에도 이 땅을 교회를 짓도록 거저 주겠다는 것이다. 할렐루야!

“여보, 그 분이 예배당 터 때문에 오셨구먼. 걱정 마세요. 내가 드릴게요. 제가 금방 드리지는 못하는데요. 값을 받으려면 말하지 않습니다. 저는 밭도 많고 땅도 많습니다. 다만 텃밭이라 좀 아쉽기는 합니다. 227평이에요.”

그리고 벼루 돌을 가져오라더니 거저 준다는 인장을 찍어 주면서, 마늘 7접을 심었으니 씨 값으로 7접 값이나 달라는 것이었다. 하도 황공하여 “저는 땅 값을 치르려는데요.”라고 하였으나, 그분은 거저 주겠다고 했다. 이것은 하나님의 역사였고 응답이었다. 한 번도 만난 일이 없던 분이 땅을 거저 주다니! 유 전도사님은 날아 갈듯 기뻤다. 하나님께서 이런 응답을 하셨으니 하늘로 올라가는 것 같고 예수님이 옆에 계신 것 같은 심정이었다. 이재규 씨는 일주일 내에 서울로 이사 갔다. 안방과 뒷방을 가로막은 벽을 헐고 예배를 드리는데 얼마나 은혜가 되고 하나님이 역사 하시는지 놀라웠다. 종들이 와서 회개하고, 종들이 상전 쌀 훔친 것도 회개하는 것이었다.

그리하여 1939년 드디어 이재규 씨가 헌납한 땅과 집을 팔아 언덕 위에 헌납 받은 270평 위에 교회를 세우고 둥구나무 괴목에는 종을 달아 매일 새벽과 주일과 수요일 마다 “땡그랑, 땡, 땡그랑 땡”예배당 종을 울려 노성에 사는 주민들의 영혼을 불러내기 시작했다. 할렐루야!

유 전도사님은 교회 부흥을 위하여 이성봉 목사님을 강사로 초청하여 부흥회를 준비하였다. 면사무소 마당에서 부흥회를 인도

했다. 북을 치고 나팔 불면서 광고를 해도 모여지지 않아 애간장이 탔다. 대 부흥사인 이성봉 목사님을 강사로 초청했는데 한 시간이 넘어도 사람들이 나오지 않아 안절부절 못하면서 "주님! 전 모릅니다. 사람들 마음 재촉케 하여 보내 주시옵소서." 기도했다. 이 목사님도 이런 모습을 보고 "유 전도사, 걱정하지 말아요. 하나님이 다 보내주십니다."하는 것이었다. 한 시간 후 부터 사람들이 모여들기 시작하는데 마당이 꽉 들어찼다. 이 목사님은 이 날 밤에도 "여러분, 회개하고 예수를 믿으세요! 누구나, 아무나 믿기만 하면 구원 받습네다."라고 외치자, 이 날 밤 70명이나 믿기로 작정했다. 이 날 밤 집회에 참석했던 친정어머니도 "야, 참 잘 하시더라." 못 미더워 무엇이고 돌봐 주시던 어머니는 "네가 기뻐하는 이유를 알겠구나."라고 했다.

늘 소복 차림에 치마를 쓰고 다니면서도 유 전도사님의 입에서는 기쁨이 충만하여 "주님, 감사합니다."하는 말의 연속이었다. 1943년 신사 참배 거부로 3년 동안 교회가 폐쇄되기도 했고, 오영필 목사님은 강경경찰서로 끌려가 3개월 동안 옥고를 치르기도 했다. 6 · 25 전란 중에는 인민군들에게 빼앗기기도 하였으나 그동안 역대 목회자들의 헌신과 충성으로 교회가 부흥되어 그동안 수천 명의 영혼을 구원한 교회가 되었다. 특별히 시댁의 거의 모든 식구들을 구원했으나, 유교의 공주 유도회장이었던 둘째 시숙이 임종이 가까워 와도 완고하게 복음을 거부했었지만 유전도사님이 한 달여 빈번하게 금식기도하면서 전도한 결과 임종직전 가족들에게 "문 열어라! 예수님 들어오신다."고 하면서 예수님을 영접하고 소천 했던 일은 공주 장안의 화젯거리가 되기도 했다. 그 중에 양손자 이재철과 큰 시숙의 손자인 이도행은 목사가 되어, 양손자는 경기도 안산에 있는 감리교회 담임 목사로 시무하고 있고, 시숙의 손자는 군목으로 시무하고 있으니 얼마나 하나님의 역사가 크신지 헤아릴 수가 없다.

이렇게 세워진 노성교회는 오영필 목사, 김창환 전도사, 강신오 전도사, 이명열 전도사, 조병철 전도사, 김옥수 여전도사, 백동수 여전도사, 강태집 목사, 신경열 전도사, 이경근 목사, 김순봉 목사, 민병한 목사, 임종한 목사 등이 사역하면서 수 천 명의 영혼을 구원하는 교회가 되었고, 이 교회를 통해서 네팔에 2개, 필리핀에 1개 교회가 개척되었으니 옥토에 뿌려진 씨앗이 30배 60배 100배의 결실을 맺는다는 주님의 말씀이 성취되었고, 주님의 복음은 구원 받은 자들을 통하여 계속 흐르고 있는 것이다.

> 일을 행하는 여호와 그것을 지어 성취하시는 여호와 그 이름을 여호와라 하는 자가 이같이 이르노라. 너는 내게 부르짖으라 내가 네게 응답하겠고 네가 알지 못하는 크고 비밀한 일을 네게 보이리라 (예레미야 33:2-3).

활활 타오르는 불꽃의 환상
- 공주성결교회 개척

유을희 전도사님은 노성교회 섬기는 일에 기쁨이 충만하여, 몸은 피곤하고 힘겨웠지만, 육신적인 근심 걱정은 다 잊어버리고 생활했다. 기도와 심방과 설교에 열중했다. 밤이면 교회에 엎드려 밤늦도록 기도하고 새벽엔 새벽기도예배의 종을 직접 울리면서, "이 종소리를 듣는 심령 마다 구원의 역사가 일어나게 해 주시옵소서."하고 기도했다. 교회와 성도들 섬기는 일에 전념하게 되어 열심히 심방하고 전도하여 교회는 든든하게 성장하게 되었다.

1939년 가을 어느 날 전도사님은 노성교회 개척과 교회 부지 마련과 건축을 위해 생명을 건 금식 기도를 할 때 보여주셨던 환상을 생각하면서 토요일 아침부터 주일을 준비하는 금식기도를 했다. 자정 즈음 엎드려 기도 중에 잠이 들었는데 꿈속에 공주에서 활활 타오르는 불꽃광경을 보았다. 깜짝 놀라 깨어보니 꿈이었다. 공주에서 활활 타오르는 불꽃은 무슨 의미일까 고심하기 시작했다. 왜 나에게 이런 불꽃을 보여 주셨을까 골똘히 생각하며 기도했다. 전도사님은 하나님께서 출애굽기 3장에 호렙산 떨기나무에서 타오르는 불꽃 가운데 나타나 모세에게 하신 말씀을 묵상했다. 하나님은 모세를 불꽃 가운데 불러 애굽으로 내려가 내 백성을 구하라고 명령하셨던 것이다. 유 전도사는 이 말씀을 통해 "아! 이것은 나에게 공주 지역에도 교회를 세워 믿지 않는 백성들을 구원하라는 새로운 명령이요 시키심이로구나."고 확신했다. 그러나 그것은 너무도 힘든 소명이라고 생각했다. 공주는 노성에서 오 십 리나 되고 정기적인 교통수단도 없었다. 그리고 가녀린 여자 몸으로 어떻게 2개 교회를 섬길 수 있을까 걱정이었다. 그러나 주님은 "내가 다 한다."고 귓속에 말씀 하시는 것이었다.

전도사님은 기도 끝에 공주에 교회를 개척하기로 결심하고 그 시기를 1940년 농한기인 겨울로 잡았다. 그러니까 1940년 1월 즈음 되었다. 아는 사람 하나 없는 그곳에 개척한다는 것은 적장이 단신으로 적진에 뛰어 드는 것 같기도 했다. 요나가 니느웨성으로 가지 않으려 했던 것을 이해할 것 같았다. 그러나 '하나님이 다 하신다.'는 말씀을 믿고 반죽동에 방 하나를 월세로 얻었다. 노성교회는 일군들이 세워졌으므로 주일예배 인도 후, 오후에 걸어서 공주로 가서 저녁 예배를 드리고 수요일 저녁예배까지 인도한 후, 목요일 노성으로 돌아와 사역하기로 작정했다.

거리에서 만나는 사람마다 "예수 믿으세요!", "예수 믿고 구원받아야 천국 갑니다."고 복음을 전했다. 그리고 가가호호 다니며, "여보세요, 예수 믿으세요."라고 전도했다. 한 달이 다 되었지만

한 영혼도 결신자가 없었다. 전도사님은 실망하지 않았다. '나는 씨를 뿌릴 뿐이고 하나님이 반드시 거두실 것' 이라고 믿었다. 경제생활은 너무도 힘들어 굶기를 밥 먹듯 했다. 시댁에서는 공주에 또 교회를 개척하려 하는 것이냐며 포기하라는 뜻으로 쌀 한 톨 지원하지 않았다. 노성과 공주를 도보로 왕래하느라 발은 부르텄다. 허기진 몸으로 어두워져 차디찬 셋방에 들어와 엎드려 "하나님! 이 여종 불쌍히 여겨 주옵소서."하고 기도하면 눈물만 쏟아졌다. 두 달이 지나자 미당에 살면서 작은 아들을 공주에 있는 초등학교에 입학시키려 하숙 나온 이효순이라는 여인이 첫 열매로 신자가 되었다. 전에 미신을 믿어 점치러 다니던 이 분은 전도사님이 미신 섬기지 말고 예수 믿으라는 전도에 마음이 끌려 나왔다고 했다. 이름을 적고 나니 마음이 꽉 막히는 것 같았고, 선생님이 노아 홍수 이야기를 하시는데 두려운 마음이 생기더라고 술회했다. 이 분은 나중에 권사가 되어 충성된 일꾼이 되었고, 신촌교회 윤웅림 장로가 바로 그 아들이다.

두 번째 신자가 민금순 권사다. 남편이 학생 신분으로 독립운동하다가 체포되어 심한 고문과 구타로 옥중에서 다 죽게 되자 석방하여 집으로 돌아왔지만 출옥 후 며칠 만에 사망했는데, 그 때 3살 된 아들과 겨우 100일된 아들이 있었다. 7월에 남편이 죽고 그 이듬해 2월에 또 시아버지가 돌아 가셨으니 슬픔이 가득하고 정신을 차릴 수 없는 마음이라 외부 출입도 삼가고 살고 있었다. 3월 어느 날, 길거리에서 전도 하던 중, 전도자를 유심히 쳐다보다가 눈이 마주쳐서 전도했더니 믿기로 작정했던 것이다. 민 권사는 혼자 사는 분이라 하여 동정심으로 교회에 나오기로 했는데, 열심을 다하여 충성하는 일꾼이 되었다. 민 권사는 나중에 유성에 천양원이 세워지자 두 아들을 데리고 천양원에 들어가 침모로 충성하면서 두 아들을 성공 시켰다.

이 겨울을 지나는 동안 얼마나 고생했는지 말로 표현할 수 없다. 나무 한 단을 가지고 한 달을 때야하는 형편이라 방에 물을 뚝배기에 담아 놓으면 그릇이 깨지곤 했다. 부잣집 며느리가 그 고생 한다고 시집에서는 노성에서나 사역하라고 도움을 주지 않았다. 이렇게 하나씩 열매를 맺어 10여명 신자가 되자 조그마한 방에서 드릴 수가 없어 더 큰 예배 처소를 마련하기 위한 기도를 시작했다.

어느 날, 예배 처소 마련할 자금을 구하러 서울을 다녀오게 되었다. 기차로 조치원역에서 내려 걸어서 공주에 도착하니 밤 12시경이었다. 방 안에서 "주여! 주여!" 기도 소리가 들리는데 방문 앞에는 커다란 남자 신발이 있었다. 깜짝 놀라, 기도소리를 들으니 권 집사님이었다.

"주님! 젊은 종이 이 추운 방에서 살고 있습니다. 이 추운 방에서 얼마나 고생하는지 주님 아시지요. 이 밤에 어떻게 오는지 주님 동행해 주세요. 이제 교회를 지으려고 여종이 애를 쓰고 있습니다. 도와주시옵소서." 이렇게 기도하고 있었다. 전도사님은 너무도 감사하여 집사님을 붙들고 엉엉 울었다. 전도사님은 새로운 예배처소를 달라고 계속 기도하면서 건물을 물색한 결과 공주읍 중학동 35번지에 조그마한 기와집을 매입하여 1940년 7월 15일 오영필 목사님을 모셔와 17명 신자들이 첫 예배를 드렸고, 한 달 후인 8월 20일 공주지역의 모교회인 공주성결교회가 역사적으로 창립되어 간판을 걸었던 것이다.

공주교회는 전도사님의 전도의 불타는 열정으로 성도의 수가 늘어나 더 큰 예배당이 필요했다. 마침 싼 매물로 나온 본정 187번지에 있는 땅 183평과 가옥 30칸을 빚으로 4,300원에 샀다. 돈은 한 푼도 없었지만 빚을 얻어 그 건물을 샀다. 비록 빚이었지만 제대로 된 건물에서 예배를 드리니 날아갈 것 같이 기뻤다. 어느 날 빚을 해결하기 위해 지방회에 도움을 요청하러 갔더니 현재 공주교회를 섬기고 있는 김순도 장로님의 부친이신 김연욱 목사님이 "유전도사님은 이성봉 목사님 열매이니 이성봉 목사님이 도와주실 겁니다. 목포 북교동 교회에서 집회를 한다고 하니 목포를 가보세요."하고 방법을 일러 주는 것이었다.

하루 밤을 대전 중앙 성결교회에서 기도하며 잠을 자고 아침 일찍 대전역으로 나가는데 어느 골목에서 큰 셰퍼트 개가 달려 나오더니 우측 종아리를 무는 것이었다. 도와달라고 소리쳐도 아무도 없었다. 피가 낭자하고 다리가 부어오르는데 걸을 수가 없어 기차를 놓칠 것 같았다. 길에 앉아 울자 지나가는 여자가 왜 우느냐고 물었다. 목포 가는 기차를 타야하는데 개에 물려 아프기도 하지만 기차를 놓치게 되어 운다고 했다. 그 여인은 가지고 있던 보자기를 주면서 상처를 싸매고 얼른 가면 기차가 20분 연착하게 되어 탈 수 있다고 알려 주는 것이었다.

이성봉 목사님에게 자초지종을 설명을 드렸더니 부흥집회에서 나온 헌금을 몽땅 주시면서, "유 전도사! 걱정하지 말아요. 하나님이 다 해 주십니다. 어서 돌아가 다친 다리 치료해요."라고 하면서 기도해 주고 격려해 주었다. 공주교회의 다급한 사정을 아신 이성봉 목사님은 이듬해 4월 23일부터 5일간 부흥회를 인도해 주었다. 도착하자마자, 목사님은 전도사님을 불렀다.

"유 전도사! 이 돈으로 교회 산 빚을 갚아요."라면서 1,000원을 전해 주는 것이다. 나중에 안 일이지만 이 목사님은 평양에 있는 집 판돈 800원에 200원을 보태 빚을 갚아준 것이다. 나중 전도사님은 그 때 하나님의 은혜가 얼마나 고맙고 감사했던지 "나뭇잎만 보아도 아름답더라."고 회상했다. 한 편으론 목사님이 집을 팔았으니 사모님과 자녀들이 고생할 것 같아 죄송한 마음 금할 수 없었다. 이 부흥회를 통해 50명의 결신자가 생겼고 헌금도 230원이나 나와서 일부의 빚을 갚을 수 있었다.

남은 돈 3,070원을 해결하기 위하여 전도사님은 또 금식하며 하나님께 매어 달렸다. 금식 기도를 하던 중에 이상하게 총회본부로 마음이 쏠려 무작정 상경하였다. 교단의 회계를 담당하고 있던 최석모 목사님에게 통 사정을 해 보았지만 도와드릴 자금이 없다고 했다. 그날 밤, 여기숙사에서 금식하며 간절히 기도하던 중 잠이 들어 꿈을 꾸었다. 꿈 중에 최 목사님이 "옛다 받아라!"하며 흰 보자기에 싼 것을 주기에 "아멘"하며 받았는데 다음 날 아침, 최 목사님이 기숙사로 찾아와 3,000원을 주면서 "이 돈은 하나님의 은혜로 병 고침 받은 미국인 성도 한 사람이 한국에 성결교회를 세우는데 사용해 달라고 보내 온 헌금으로, 전도사님께서 도와달라는 간구가 너무도 절실하여 어제 밤 기도 중에 전도사님을 드리라는 감동이 와서 드리는 것입니다."라고 하지 않는가. 정말 상상할 수 없는 기도의 응답이었다.

이렇게 세워진 공주교회는 오영필 목사, 정진경 전도사, 정승일 목사, 차보근 목사, 김승환 목사 등이 사역하면서 수 천 명의 영혼을 구원하는 교회가 되었고, 공주교회를 통해 운암교회를 비롯하여 8개 교회가 개척되었으니 옥토에 뿌려진 씨앗이 30배 60배 100배의 결실을 맺는 다는 주님의 말씀이 진리인 것이다.

유 전도사님은 1952년 유성에 천양원을 설립한 후엔 유성성결교회를 위하여 헌신했다. 1960년대에 건축한 예배당은 동양선교회(OMS) 대표 엘마 길보른 선교사를 찾아가 건축비를 요청하여 지었으며, 1978년에 건축한 현재의 예배당은 건축위원장을 맡아 지은 것이다. 건축비 조달이 어렵게 되자, 전도사님은 안구를 하나 팔려고까지 하였으며, 당신이 기른 아들딸들을 찾아다니면서 "내가 죽으면 부조를 할 것 아니냐? 미리 부조를 해다오"라고 하며 모금을 하였는데 그들은 패물도 내놓고 헌금도 힘껏 하여 공사를 마무리 할 수 있었다. 이렇게 유 전도사님은 어디를 가든지 주님의 일이라면 몸과 마음과 힘을 다하여 주님을 섬겼던 것이다.

복지의 선구자

복지에 대하여 문외한인 유 전도사님이 1948년 영생 양로원을 세우고, 1949년과 1952년 두 개의 고아원을 세웠다는 것은 놀라운 일이다. 이 역시 하나님의 계획으로 그를 인도 하셨다고 믿는다.

_영생양로원 설립

유 전도사님이 홍성에 살던 이훈구 박사(1950년대 농림부 장관)를 찾아가던 길이었다. 친정어머니와 함께 가던 중 날이 어두워져 어느 교회를 찾아 하루 저녁 쉼을 청할 수밖에 없었는데 그 교회엔 할머니 한 분이 홀로 교회를 지키고 있었다. 사연을 알고 보니 그 분은 어느 성결교회에서 전도사로 사역을 했는데 하나 밖에 없던 아들이 일찍 죽어 부양하는 사람이 없자, 감리교회에서 기도나 해 달라고 이 교회를 맡겼다고 했다. 차가운 방에 기거하는 것을 보고 혼자 사는 여자전도사님들의 노후 복지 문제를 불현듯 생각하게 되었고 일단은 노성교회에 영생 양로원을 세우기로 작정하고, 1948년 6월 1일 노성구읍내리에 영생 양로원을 창설하였다.

유 전도사는 지속적인 운영을 위하여 교단의 신생부인연합회의 도움을 요청하여 회장인 백신영 전도사의 적극적인 협력으로 성결교단의 부인회 사업기관으로 운영키로 하였으며 만리현교회 이영희 집사가 개인적으로 운영비 일부를 지원하기로 하여 1948년 8월 25일 노성교회당에서 창립개원식을 거행하였다. 다수남녀교직자와 신자를 비롯하여 충남도청의 직원들과 면장 외 면내 유지들 그리고 타면 사회유지들의 다수 참석 하에 식은 성대히 거행되고, 이후 양로원내에서 회연회가 있었다. 당일 수용인은 5인 이었고 도지사 인가장은 1949년 3월에 받았다. 그 이듬해 1주년 기념사진을 보면 열여섯 분의 노인을 섬겼던 것으로 기록되고 있다. 전을성 집사 내외가 무보수로 수고해 주었던 것이다. 이렇게 유 전도사는 일찍이 노인복지 사업의 선구자적 역할을 수행한 분으로 기억되는 것이다.

_계룡 풍덕원 설립

구한말 궁중 나인으로 있던 불교신자, 이한열이라는 여자가 운영하던 고아원이었는데, 그가 죽자 아이들은 다 도망가고 단 1명뿐이었다. 나라가 망하면서 임금님이 금을 주어 그것으로 갑사에 논을 사서, 처음에는 큰 가마솥을 걸어 밥을 해서 매일 지나가는 사람들에게 밥을 베풀어 주는 일을 시작했다고 한다.

남편과 4명의 자식들이 재산에 탐을 내자, 그녀는 반은 그들에게 주고 나머지는 고아원을 운영하기로 했다고 한다. 그녀는 공주읍 봉황동 36번지에 있는 어느 부잣집 여자가 살던 큰 집을 구입하여 고아들을 모아 양육했는데, 갑자기 병이 나 죽자 아이들은 흩어지고 운영을 할 수 없게 되었다. 공주읍에서는 종교인으로 혼자 사는 여자에게 운영케 하기 위해 사람을 물색하던 중, 공주 유도회 회장을 맡고 있던 시숙의 천거로 풍덕원을 재 설립하게 되었다. 당시 풍덕원의 빚이 9,500원이 있었는데 6,000원은 유 전도사가 담당하기로 하였지만 매년 갑사에 있는 논에서 거둬들이는 도지가 150석이었으니 큰 재산이었으므로 운영에는 별 문제가 없어 보였다. 1949년 1월에 이 일을 맡게 되자 아이들이 23명으로 모아져 5월 13일 개원하였으나 바로 다음 달 6월 21일 정부의 농지개혁법 실시에 따라 150석 거리 농지가 모두 소작 농민들에게 돌아가 큰 재산은 하루아침에 날아가 버렸다.

유 전도사는 낙심천만하여 3일 금식기도 후 포기여부를 결정하기로 작정했다. "하나님! 모든 재산이 농지개혁법으로 다 날라 갔으니, 어찌합니까? 이미 모아진 아이들은 어찌 하구요."하며 기도했다. 마지막 날 새벽에 엎드려 기도 중에 잠이 들었는데 어떤 사람이 꿈 중에 나타나 아이들 송장 70명을 장사하라 하여 앞산에 매장하러 갔더니 아이들이 하얀 세마포를 입고 모두 벌떡벌떡 일어나는 것이었다. 유 전도사는 이 사업을 계속 하라는 응답으로 믿었다. 하나님은 고아의 아버지라 하였으니 하나님이 다 책임져 주시리라 믿고 이 사업을 계속하기로 결심 하였다. 공교롭게도 이 날, 6월 23일 시설 인가를 받게 되는 것이었다.

유전도사는 이 날부터 주님의 부름을 받던 날까지 고아의 어머니가 되었던 것이다. 그러나 이게 웬 일인가. 인가 된지 꼭 1년이 되었는데 6 · 25 전쟁이 발생하지 않는가. 난리가 났으니 이 많은 아이들을 어찌해야할 것인지 난감했다. 유 전도사는 눈물을 흘리며 기도했다. 함께 수고하던 직원 2명은 난리가 나자 자기 집으로 가버렸다.

"하나님! 이 많은 아이들을 난리 중에 어떻게 보살핍니까?" 하나님은 이번에도 '내가 다 한다.' 고 응답하셨다. 유전도사는 혼자 살면서 자신을 돕던 여동생과 침착하게 피난 준비를 했다. '하나님이 도와주실거야.' 믿고 담대하게 대처하자고 다짐했다.

제일 큰 아이가 14살이고 그 다음이 11살, 10살, 제일 어린 아이가 4살이었는데 모두 41명이나 되었다. 4살 이하 16명은 만수동이라는 시골에 집을 얻어 여동생 유 집사에게 맡겼다. 식량은 아이들이 짊어질 수 있는 만큼씩 보따리를 쌌다. 그리고 나머지 식량은 단지에 넣어 마당에 파묻었다. 저녁이 되니 금강 가에서 총성이 나기 시작하면서 소개령이 나자 밤중에 25명을 데리고 피난길을 떠났다. 논산으로 가는 신작로에 들어서니 피난 행렬이 엄청났다. 시댁인 주곡리로 갔더니 시숙 이계철씨가 이 많은 아이들을 데리고 어떻게 피난하느냐면서 자기가 돕겠다고 가족들과 합세해 주었다. 함께 피난 가던 공주교회 신자들은 피난길이 늦어지니까 모두 흩어졌다. 어린 아이들이라 가다 쉬고 가다 쉬기를 반복하니 완주까지 10일이 걸렸다 그동안 양식은 주먹밥을 만들어 소금에 먹였지만 거의 떨어졌다. 봉산이라는 마을로 들어서 어느 집에 가 도움을 청했더니 이 많은 아이들을 어디로 데려 오느냐고 호통 쳤다. 호박잎을 따 먹겠다 하였더니 그것도 허락하지 않았다. 배고파하는 아이들이 여기저기서 호박잎을 땄더니 도둑놈들이라고 야단치는 것이었다. 할 수 없이 전주로 향했다.

전주에 도달하니 폭격이 극심해졌다. 시숙은 아이들 때문에 길이 늦어져 적군이 앞장서게 되었으니, 죽든지 살든지 되돌아가야 할지 기도해 보라는 것이었다. 하나님께 기도했더니 돌아가야 살겠다는 믿음이 섰다. 믿지 않는 시숙도 다급하니까 하나님을 찾는 것이었다. 아이들은 배가 고파 다 쓰러졌다. 하나님께 아이들을 살려 달라고 가슴이 찢어지는 기도를 했다.

여기저기서 폭격으로 피난 행렬의 가족들이 죽어 아비규환이었다. 시체를 볼 때마다 아이들은 무서워 떨었다.

이놈 저놈 업어 가면서 칭얼거리고 우는 아이들을 데리고 호박잎 사건이 있던 곳에 다시 도착했다. 그날 밤 그 동네 교회에 들어갔더니 기총소사를 퍼부어, 동네 사람들이 어떤 놈들이 몰려와 우리 동네 다 망친다고 소리를 질렀다. 하는 수 없이 건물에서 나와 산으로 올라갔더니 비행기에서 산에 기총소사를 해 대자, 불비가 쏟아졌다. 산에 불이 났지만 아이들의 생명은 안전하게 건졌다.

인가가 없는 곳을 택하여 머물며 공주를 향해 걸었다. 그러다 사람을 만나면 길을 물어 고산을 거쳐 걸어갔다. 할 수 없이 빈 농촌을 지날 때 가지, 호박을 날것으로 따 먹기도 하고, 감자, 고구마를 캐어 허기진 배를 채웠다. 비행기가 나타나면 논이나 산기슭에 엎드려 숨어 피했다. 친정인 강경에 도착해 보니 강경은 폭격으로 완전 파괴되었는데, 어머니가 어디로 피난 가셨는지 애간장이 타 눈물이 났다. 시내에는 죽은 시체가 즐비하고 시체 썩는 냄새가 코를 찔렀다. 천신만고 끝에 공주에 돌아와 만수동에 피난해 있던, 여동생에게 기별을 했더니 그곳은 안전 하고 아이들도 다 잘 있다는 소식에 안심되었다. 만수동으로 아이들을 데리고 갔더니, 반가워 서로 붙들고 엉엉 울었다.

풍덕원에는 다른 사람들이 물건은 다 가져가버리고 아무 것도 남은 것이 없었다. 다행히 마당에 묻었던 양식을 파내서 만수동으로 조금씩 날라다 먹일 수 있어서 얼마나 감사한지 모른다. 어느 날 밤에 자지 않고 풍덕원에서 심야에 기도 하고 있는데. "나가라. 나가라니까"라는 병력 같은 소리가 나 눈을 떠 보니 아무도 없었다. 하나님의 음성임을 믿고 아이들 5명과 집을 지키던 할아버지를 깨웠으나 역정을 내면서 따라오지 않아 그 분을 남겨 두고 급하게 피신하여 언덕으로 올라갔더니. 꽝하는 소리가 났는데 바로 기도하던 그 자리에 폭탄이 떨어져 건물 일부가 박살났지만 불발탄이어서 불이 나지 않아 다행이었다.

국군이 반격해 올라오자 인민군들은 학살할 공주의 유지 60명

명단을 만들어 집단 학살하였으나 요행히 피신하여 유일하게 생존하기도 했다. 수복 후 아이들이 다 시설로 돌아왔다. 난리 중에 한 생명도 잃지 않았던 것은 하나님의 지켜주심이었다.

양식은 시댁에서 얻어다 먹였다. 그리고 수복 후엔 읍사무소에서 배급을 얻어 먹일 수 있었다. 읍사무소에서는 공주로 모여드는 고아들을 모아 시설로 보내왔다. 부서진 집을 고치고 증축을 했다.

1 · 4후퇴 당시에는 아이들이 180명으로 불어 났는데, 중공군과 인민군이 다시 밀려온다고 군수와 경찰서장이 직접 나서서 부산으로 피난가라고 트럭 두 대를 보내주었다. 그러나 이 추위에 아이들을 데리고 어떻게 피난갈 수 있느냐면서 기도하면서 아이들을 보호하겠노라고 했다. 그들은 군량미 1만 5천석이 있는데 불태우고 가겠다고 했다. 유 원장님은 그 열쇠를 달라고 하면서 담대하게 말했다.

"적군이 금강까지 왔어도 하나님이 물리칠 수 있습니다. 만일 괴뢰군이 밀려오면 내가 불태우겠으니 걱정하지 마십시오."

그들은 유 원장에게 열쇠를 맡기고 떠났는데, 이틀 후 적군이 수원에서 물러갔다는 소식이 들려오자 환호했다. 군수와 서장이 피난에서 돌아오자마자 풍덕원으로 달려와 기쁘게 말했다.

"유 원장님! 유 원장님의 하나님이 공산군들을 물러가게 하셨습니다. 여장부의 배포를 가지셨습니다."

"군수님! 이 쌀 모두 내 쌀이요. 그렇지요?"

"아무렴요. 원장님이 필요하시다면 3,000석이라도 드리겠습니다."

그러나 유 원장은 욕심내지 않았다. 쌀 30가마, 광목 7통, 담요 300장을 달라 했다. 이 선물을 가져오면서 아이들을 향해 "얘들아! 너희들의 하나님이 우릴 살렸구나. 눈물 나도록 너무 기쁘고 감사하구나."라고 말했다.

전쟁고아들은 각 지역에서 공주로 들어와 아이들 수효는 200명을 넘었다. 영양부족과 열악한 환경으로 부스럼이 극성을 부렸다. 1951년 유성교회를 방문했던 유 원장은 당시 담임목사였던 고 김현욱 목사로부터 "유성에는 온천물이 있으니 부스럼으로 고생하는 아이들을 데려와 씻기면 좋아질 거라면서 방을 몇 개 빌려 그렇게 해보라"는 조언을 해주는 것이었다. 유성온천탕 가까이에 방을 얻어 실천해 보니 정말 아주 좋은 효험이 나타났다. 유성에 거처하는 아이가 많아지자, 풍덕원에는 아이들이 넘쳐나 시설이 부족한 상황이었으므로 천양원을 하나 더 설립하기로 결심하게 되었던 것이다. 유 원장은 1972년 천양원으로 통합시키기 까지 풍덕원을 통하여 수 백 명의 고아들을 양육하여 어엿한 사회인으로 배출시켰던 것이다.

_천양원 설립

유성에는 유성 온천장과 만년장 그리고 군인휴양소 등 온천목욕탕이 3곳이 있었다. 군인 휴양소 온천은 멀리 갑천변에 있었다.

주로 전쟁 중에 부상당한 군인들을 요양시키는 시설로 이용되고 있었고, 유성온천 거리는 나머지 2개의 온천탕을 중심으로 발전하고 있었는데, 6 · 25전쟁으로 시설이 파괴되어 도랑으로 온천물이 흘러 내려가고 있었다. 손을 씻어 보니 좋았다. 김연욱 목사님은 유황온천이라 피부병에 아주 좋을 거라고 했다. 온천장 가까이에 살고 있던 김영신 씨라는 유지가 고맙게도 자기 집 방 네 칸을 빌려 주었다. 남의 집에 많은 피부병 환자 아이들을 머물게 하는 것이 미안하여 이 사실을 조치원에 있던 지방회장 오영필 목사님에게 상의했더니, 얼마나 좋은 기회냐면서 천양원이라고 이름까지 지어 주었고, 신학교 이명직 목사님에게 상의를 했더니 역시 이 목사님도 아주 좋은 기회라면서 당신이 이사장이 되면서 이사회를 조직하여 1952년 3월 1일 천양원을 시작하게 되었던 것이다.

남의 집에 많은 피부병 환자 아이들을 생활하게 하는 것은 참 어려운 일이었다. 그래서 부지 마련을 위해 기도하여 그해 6월 현재의 위치로 땅을 구입하여 이전하기 시작했다. 비록 고목이 된 배나무 과수원이라 다 캐내야하는 어려움이 있었지만, 구입대금이 쌌고 대금 결제도 길게 잡을 수 있는 조건이었다. 더구나 정남향이었고 앞에는 아이들이 마음대로 뛰어 놀 수 있는 아주 맑은 개울과 풀밭이 있었다. 개울에는 깨끗한 자갈이 깔려 있고 군데군데 역시 깨끗한 모래가 모여 있었다. 단점이라면 유성 중심가와 거리가 멀고 자갈길이라 왕래하기와 각종 물품 운반이 어렵다는 점이었다.

그 과수원에는 다 허물어져 가는 배를 저장하던 흙벽돌 창고와 주인네가 살던 20여 평짜리 다 낡아빠진 양철 지붕의 집이 한 채 있었다. 그리고 깊은 샘이 하나 있었는데, 거기엔 도르래로 물을 퍼 올리는 두레박이 달려 있었다. 아이들은 이곳에 임시 거처로 사용하면서 새로운 집과 예배당과 운동장을 만들기 위해 고목이 된 배나무 캐기를 시작했다. 아이들은 학교에서 돌아오면 그것이 일이었다. 톱으로 가지를 자르고, 흙을 곡괭이로 파내고 드러나는 뿌리를 도끼로 잘라내고는 최종 등치를 뽑아낼 때면 여러 명이 달려들어 "영차! 영차!"하며 흔들어대다가 뽑혀질 때는 "와!"하고 소리를 치기를 했다. 제일 큰 아이가 초등학교 6학년이었으니, 개미역사를 한 셈이다.

어머니는 제일 먼저 예배당을 짓기로 했다. 주말이면 풍덕원에서 큰 아이들을 불러와 흙벽돌을 만들고 배나무 뽑기를 하도록 했다. 건축 재료로 필요한 모래와 자갈은 아이들이 개울가에서 부대에 담아 날랐다. 이것 역시 개미역사였다. 어머니는 원조 단체와 기관이나 단체를 찾아다니며 건축 자재 등을 얻어왔다. 흙벽돌을 쌓다가 비가 오면 덮을 것이 없어 무너져 내리는 바람에 안타까워 발을 동동 구르기도 했다. 이렇게 예배당을 짓고 숙사를 지어갔다. 제일 먼저 예배당을 지은 것은 미국에 상륙한 청교도들이 그러했던 신앙을 본받으려는 어머니의 태도를 보여주는 것이었다. 어머니는 예배당에서 끊임없이 기도했다.

그 당시 먹는 식량은 훅 불면 날아가는 안남미와 깡수수와 밀

밥이었고, 그것도 없을 땐 강냉이 죽, 수제비였다. 그것도 배부르면 만족이었다. 젓가락이 없어 배나무 가지를 꺾어 만들어 사용했다. 이런 상황에서도 아이들을 가르치는 일에 힘을 기울이셨다. 전기가 없어 호야를 사용했고 이것이 부족하여 깡통으로 등잔을 만들어 불을 밝혀 공부를 했다. 머리카락을 그을리기도 하고 한번은 화재가 나서 진화하느라 애를 먹기도 했다. 아침에 일어나면 호야 등잔에서 나온 끄름으로 코가 새까맣게 되었다. 그래도 공부를 잘 하는 아이들이 많았다. 중고등학교 수업료를 면제 받지 못하던 그 시절 상급학교에 진학하려는 아이가 많아 절반은 기술학교로 보내야하는 아픔이 있었다. 진학에 밀린 친구들은 지금도 서운해 한다.

부산을 왕래하며 정기적인 재정적 지원을 받기위해 외국원조단체인 기독교 아동 복리회(CCF)에 가입하려고 어머니는 무척이나 애를 썼다. 가입이 이루어 졌을 때 어머니는 말 할 수 없는 기쁨을 감추지 못했다. 1960년대 영아를 버리는 빈도가 높아, 어떤 때는 하루 밤에 2명도 버려지기도 했다. 심야에 갓난 애기 우는 소리가 대문 앞에서 또는 울타리 밑에서 날 때가 있었다. 무서운 마음이 일어나 간신히 안고 오면 태가 그대로 붙어 있기도 했다. 그래서 영아원을 병설 운영하기도 했다.

내가 최전방 비무장 지대 수색 중대에서 소대장으로 복무 중, 만기 제대를 3개월여 남겨 두었을 때 어머니는 최전방 까지 면회를 오셔서 제대 후 함께 일하자고 제안 하시는 것이었다. 나는 즉답을 할 수 없었다. 사회복지사업에 몸담는다는 것은 너무 고생스러운 삶을 살아야하기 때문이고, 또 하나는 자유스런 삶을 포기해야 한다는 것을 의미하기 때문이다. 어머니의 삶이 그러했다는 사실을 너무도 잘 알기 때문이었다. 나도 이 문제를 위한 기도 끝에 주님께서 "가라! 받은 사랑 풀어내 놓아라"는 명령을 하셨기 때문에 그 명령에 순종하여 어머니의 요청을 받아 드렸던 것이다.

1968년 7월 10일 제대 하자마자 나의 잔뼈가 굵은 고향 집에 돌아오니 흙벽돌로 지은 집들은 너무 낡아 불편하고 비위생적이었다. 어머니와 나는 아이들의 기숙사를 다시 짓기 위해 기도하기 시작했다. 한 해에 일개 동씩 건축할 수 있게 해 주십사 기도했다. 이 기도는 그대로 응답 되어 1975년까지 6개동의 소가옥 기숙사를 다시 지을 수 있었다. 기도하면 성취되고 기도하면 성취 되었다.

우리는 다시 위기를 맞았다. 1986년이면 CCF원조를 중단하겠다는 것이다. 당시 CCF보조금은 매월 100만원 이었는데, 재무구조의 60퍼센트를 차지했었다. 이는 시설 운영에 치명적이었다. 이를 위해 기도로 1억 원 모금운동을 전개하여 3년 6개 월 만에 1억 4백 만 원의 실적을 올려 부족한 재원을 거뜬히 채울 수 있었다.

어머니는 일생동안 혼신을 다하여 아이들을 사랑했다. 인재를 가르치시는 일에는 양보가 없었다. 서울에 공부 시킬 때, 배추 무 절여들고, 쌀과 보리쌀 자루를 머리에 이고 나르며 공부시켰다. 젊었을 때라고는 하지만 그것들을 들고 서울을 가려면 운반이 너무도 어려웠다. 어떤 때는 군인들이 물건을 번쩍 번쩍 들어 줄 때 너무도 좋았다고 했다. 시집보낼 때면 손수 이불 만들어 주시고 어머니 노릇을 하셨다. 어떤 땐 혼자되어 고생하는 아이들을 보면서 마음 아파 우셨다. 웃는 자와 웃고 우는 자와 우셨다. 아이들을 더 잘 보살피려고 구제보따리를 얻으러 다닐 때 피곤해서 다 쓰러질 지경이 되어도 "원장님, 여기 보따리"하면 눈을 번쩍 떴다면서 언젠가는 누군가 '보따리' 라는 별명을 붙여주기도 했다.

이러한 열심과 지극한 사랑으로 어머니는 훌륭한 인재들을 만들었다고 믿는다. 기독교대한성결교단의 H목사 L목사, 기독교감리교단 C목사, 어린이재단 전 회장이며 국제 CCF연맹 전 이사 K박사, 서울대 교수였던 J박사, 미국 휴스턴대학 교수였던 L박사, 외국회계법인 사장이 된 H공인회계사, 부이사관 출신 사업가 C회장, 중앙부처 L고위공무원, 서울과학원 선임연구원 H박사, 육군출신 G중령, 농협 K지점장, 서울 서초동에서 자신이 고전무용과 창을 연마하여 상당한 수준급 연출을 하면서 고급 음식점을 경영하는 J여사장, 신지식인이 된 L사장, 후원자가 되어 수십년 후원을 계속하고 있는 중소기업가 S사장과 P사장 등, 수많은 인물들을 길러낸 어머니는 장한 어머니임에 틀림없다.

나는 2004년 묘소를 정비하면서 세운 비석에 유 전도사님의 성공적인 삶의 원천은 새벽기도와 월말 금식기도 라고 썼다. 매월말 금식기도를 하시는데, 기도회에는 몇몇 분들이 합세할 때가 많았다. 대상자들 이름을 써 놓고 하나님께 쓰임 받고 나라에 쓰임 받는 사람 되라고 기도하시며, 중요한 기도제목을 하나하나 빠짐 없이 기도하셨다.

사모곡

나는 9살까지 엄마, 엄니, 어머니라 부르던 생모 되시는 어머니와, 11살 이후 지금까지 동일하게 어머니라 부르던 키워주신 어머니가 있다. 생모는 인륜적으로 나와 떼어 놓을 수 없는 존재이지만, 줄곧 어머니라 부르던 어머니는 "어머니!"라고 부르기만 해도 그리워지고, 보고 싶고, 눈시울이 뜨거워짐을 느낀다. 발이 부르트도록 다니시던 그 길을 걷고 싶고, 무릎 꿇고 기도 하시던 그 자리에서 기도하고 싶다. 어머니가 즐겨 부르시던 찬송을 찾아 부르면 주르르 눈물이 난다. 식사 때면 어머니가 주신 은수저와 저분을 들고는 어머니 체취를 느낀다. 언젠가 아내에게 "난 어머니가 주신 이 수저와 이 저분, 죽을 때 까지 사용할 거야!"라고 말하기도 했다.

어머니는 언젠가 '빛과 소금'의 기자와 인터뷰 하시면서 앞으로 원하시는 바가 무엇이냐고 묻자, "내가 죽은 후에 유을희는 사회사업을 하다가 사회사업으로 얻은 아들과 함께 일하다가 아들에게 사업을 인계하고 하늘나라에 갔다고 기억되기를 바라는 마음이에요."라고 말씀하신 기록을 발견하고는 나는 울었다. 별것 아닌 나를 이렇게 귀중한 아들로 생각해 주셨구나 생각하니 뼛속 깊이 아려왔다.

나에게는 매년 어머니 묘소 벌초하는 일이 중요한 과제의 하나다. 공원 묘원처럼 항상 깨끗하게 관리하고 싶은데 그러려면 두세 번 벌초를 해야만 한다. 이 숙제를 제 때에 못할 땐 죄송한 마음 금할 수 없다. 작년엔 제 때에 이 숙제를 놓치고 말았다. 8월 초에야 찾아 갔을 때는 진입로 100여 미터가 칡덩굴로 얽혀 진입하기 조차 어려웠다. 칼날을 달아맨 예취기로 나의 도우미인, 양원석씨가 앞장 서 가면서 정글 같은 진입로를 확보해 갔다. 우리 고교생 민우와 창민이가 뒤를 따랐다.

난 어머님께 죄송한 마음이 앞서 예취기를 둘러메고, 앞으로 나가기 어려운 진입로를 먼저 헤쳐 나가 묘소에 당도했다. 풀이 무성하면 어쩌나 걱정을 했는데, 4월 초 잔디에는 무해하고 억새풀만 억제하는 입제 제초제를 살포한 결과 억새풀은 예년에 비해 제거되어 제법 잔디상태가 양호했다. 그러나 봉분 위에는 쇠뜨기 풀과 보리밥 풀, 쑥, 제비꽃 풀등이 제법 나 있었고 망초 대 몇 포기가 볼 상 사납게 욱 자라 있었다. 나는 이런 잡초를 먼저 뿌리 채 뽑아내고, 예취기로 봉분을 깨끗하게 깎았다.

나는 풀을 깎으면서 "어머니 죄송해요, 진작 왔어야하는데 차일피일 늦어졌어요. 난 한 시도 어머니의 가르치심을 잊지 않고 천양원을 운영하고 있습니다. 뒷동산에 만들어 놓은 연못 이름을 새롬 연못이라 명명한 것은 어머니의 새롭다는 첫 번째 존함을 사용했답니다. 그래서 저는 때때로 연못가 바위에 앉아 어머니를 생각하면서 새로운 생각을 한답니다."라고 말씀을 드렸다.

"아들아! 그래 고맙구나. 오늘 이렇게 무더운데 왜 왔니? 풀을 늦게 깎아도 되는 것을 왜 고생하느냐?"

"별 말씀을 다 하시네요. 죄송해서 견딜 수 없었어요. 아참, 어머니, 어린이재단 회장이었던 석산 형 말씀을 못 드렸네요. 석산 형이 병을 이기지 못하고 두 달 전 돌아 가셨는데, 천국에서 만나셨겠어요."

"그래, 매일 만나 주님과 함께 기쁘게 천국생활을 함께 하고 있단다."

"어머니, 그렇군요. 석산 형이 천국에 갔지만 많은 사람들이 슬퍼하고 아까워했어요. 더 많은 일을 해야 할 사람이라구요. 그리고 그를 길러낸 유을희 원장 어머니가 훌륭하다고 평판이 자자했었습니다."

"하나님 기뻐하신 많은 일을 했으니 세상에서 고생 그만하고 영원한 쉼을 쉬라고 주님이 부르셨단다."

"예, 그렇군요."

"저희들도 어서 천국 가서 어머니를 보고 싶습니다. 우리 생전에 주님 재림 하시면 이곳에서 무덤을 열고 부활하실 줄 믿어요. 어머니."

난 이렇게 어머니와 대화를 하면서 봉분과 그리고 넓은 묘소 주변을 양원석씨와 함께 깨끗이 잔디와 풀을 깎았다. 멀리서 쑥국새가 쑥국, 쑥국 우는 소리가 들렸다. 뜨거운 태양이 작열하여 우리 몸에는 땀으로 범벅이 되었다. 잠시 그늘에 쉬면서 우리는 나의 아내가 준비해준 포도 한 송이씩과 빵을 먹었다. 얼음이 녹여진 차가운 물을 마시니 더위가 저만치 물러나는 것 같았다. 다시 마무리 작업으로 깎아놓은 풀들을 갈키로 긁어 버리니 어머니의 묘소는 아주 깨끗해졌다.

부여 사산 리에서 강경 중앙동으로, 그리고 상월면 주곡리로 그리고 노성으로 공주로 유성으로 나의 어머니를 인도하신 하나님! 나의 어머니를 저기 절망의 구덩이로 내동댕이치셨다가 다시 일으키신 이유를 이제야 알 것 같다. 그리고 그 어머니는 당신의 일터 위에 남겨두신, 아들을 영감으로 꿈으로 인도하심도 알 것 같다.

작년 겨울 유성의 연구단지내 새누리 침례교회에 간증 설교를 부탁 받고 걱정스러워하며 기도했더니 어머니께선 꿈속에 나타나 “이 장로야! 너 왜 걱정 하냐? 네가 다 경험한 것이잖아. 네가 경험한 것 그대로 이야기하면 되는 거야!” 이런 말씀으로 나를 격려하시고 담대하게 하셨다.

“맞아! 그 책 속의 이야기는 다 내가 경험한 것이지. 얼마든지 할 수 있어. 문제없어. 하나님께 영광 돌리고 성도들에게 은혜가 되도록 하면 되는 거야.”

이렇게 다짐하고 그날 저녁 성도들 앞에 담대하게 간증 할 수 있었다. 성도들은 나의 이야기에 쏙 빠져 들었다. 내가 슬펐던 이야기를 하면서 울먹이면 함께 슬퍼지는 것 같았다. 또 웃기는 이야기를 하면 폭소를 자아내기도 했다. 어머니의 슬펐던 이야기를 할 때는 손수건을 꺼내 눈물을 닦아 내는 분들도 있었다.

1986년 2월 10일 눈이 펑펑 내리던 날 어머니와 나는 KBS 방송의 〈11시에 만납시다〉에 출연한 일이 있다. 그 날 밤, 나의 친구 백인방 사장은 TV에 방영되는 어머니와 나의 모습을 카메라에 담아 보내 주었는데 그 사진은 조그마한 액자에 넣어 나의 사무실 책장 위에 올려놓고 나는 매일 바라보고 있다. 나의 성장 과정을 모르는 어떤 방문객은 나에게 모친을 많이 닮았다고 하면서 어머니가 인자하게 말씀하시는 내용을 아들은 진지하게 경청하는 모습을 보는 것 같다고 평하면, 나는 그렇다고 말하곤 한다.

나는 어머니의 그 사진을 볼 때 마다 어머니의 체취와 어머니의 따뜻한 사랑의 마음이 내 가슴에 스며온다. 그래서 나도 어머니의 그 사랑을 아이들에게 전해야 한다는 마음이 물씬 일어나는 것을 느낀다. 아무것도 아닌 나를 방송을 통해서도 칭찬하시던 그 음성을 가슴 아프게 나는 매일 그리워한다. 오늘도 나는 '국화 꽃 그윽한 어머니 향 내음 바람결에도 내 가슴 스미네…' 로 시작되는 '우리 어머니' 라는 노래를 부르며 어머니 얼굴을 그려 본다.

꿈을 만난 사람

나는 이 책의 마지막 6장에서 나의 어머니, 유을희 전도사님이 살다 가신 일생의 의미를 어떻게 설명 할 수 있을까 고민하다가 '하나님의 섭리' (The Mystery of Providence)라고 결론 짓고 장의 제목을 그렇게 설정 했었다. 분명 어머니의 삶은 하나님의 섭리로 가득 채워진 스토리이기 때문이었다. 그러나 그 제목은 신학적 용어이고 또한 너무 고차원적인 논문의 제목 같기도 하여 망설여지기 시작했다.

이런 고민 중에 있던 어느 날, 나는 꿈속에서 어머니를 만났다. 멀리서부터 점점 가까이 걸어오고 있었다. 아마도 옛날 전도부인으로 노성과 공주를 도보로 발이 부르트도록 왕래하시던 그 길인 것 같았다. 그 길은 자갈이 깔린 신작로였다. 검은 치마에 흰 저고리를 입으셨고 버선발에 고무신을 신으셨다. 그리고 오른 손엔 성경을 허리에 들고 있었다. 얼굴은 피곤에 지쳐 보였으나 만면에 미소와 평화가 가득했다.

어머니와의 거리가 가까워지자 걸어오시는 길 옆에 이정표가 우뚝 나타나는 것이었다. 그 간판에는 '꿈을 만난 사람' 이라는 글자가 선명하게 쓰여 있었다. 나는 너무도 반가워 "어머니!"하고 부르다가 그만 꿈을 깨고 말았다.

나는 어머니와 대화를 못하고 꿈을 깬 것이 못내 아쉬워하면서 자리에서 일어나 이정표에 쓰여 있던 표어, '꿈을 만난 사람', '꿈을 만난 사람' 을 몇 번 되뇌어 보다가 무릎을 쳤다. 아, 이것은 '하나님의 섭리' 라는 6장의 제목을 대신할 아주 적절한 문구임을 깨닫게 되었던 것이다. 그래서 나는 당장 제 6장 원고의 제목을 이것으로 바꾸었다.

나의 어머니는 하나님 앞에 잘난 체하지 않으신 분이었다. 언제나 겸손하셨고, 하나님을 기쁘시게 해야 할 일이라면 개인의 유익은 포기하는 분이었다. 문제해결을 위해서는 금식하고 하나님 앞에 무릎 꿇는 분이었다. 젖이 필요한 갓난아이가 어미를 보채듯이 울고 떼쓰는 기도를 하다가 지쳐 쓰러져 잠들면 하나님은 꿈이나 환상 속에서 해답을 주셨던 것이다.

하나님은 예레미야 33장 3절에서 "너는 내게 부르짖으라, 내가 네게 응답하겠고, 네가 알지 못하는 크고 비밀한 일을 네게 보이리라."라고 말씀하셨다. 알지 못하고 크고 비밀한 일을 보여주겠다는 말이 무슨 뜻일까. 그것은 꿈이나 환상을 통해서 우리들에게 주시는 하나님의 언어라고 믿는다. 유 전도사님이 절망에 빠져 남편의 제삿날에 단식하여 목숨을 끊으려 했을 때, 주님께서 비몽사몽간에 만병의 대의사로 나타나 주셨던 환상을 시작으로 고비고비마다 꿈과 환상을 통하여, 전도사님에게 주신 사명을 성공적으로 감당하게 하셨던 것이다. 나는 목회상담학을 전공한 한신대학교 정태기 교수가 존 A, 샌포드의 저서 『꿈』을 번역하면서 번역후기에 기술한 꿈에 대한 부연 설명에 공감했다.

그는 꿈이란 우리에게 무엇인가를 이야기해 주는 인격의 핵심인 영의 언어라고 하면서, 여기서 영이란 인간이 지니고 있는 하나님의 형상이라고 했다. 꿈은 바로 하나님의 형상대로 지으심을 받아 영적인 존재인 인간에게 하는 이야기라고 설명한다. 그런 면에서 꿈은 하나님이 인간에게 말씀하시는 수단으로 이해할 수 있는 것이다. 그런데 영이 말하는 언어는 대부분 상징을 통해서 전달되기 때문에 이 상징을 이해하지 못하면, 우리에게 주어지는 가장 심오한 의미를 상실할 수 있다는 사실에 주의해야 한다고 했다.

우리는 꿈을 꾸어야 한다. 요엘서 2장에서 하나님은 당신이 유일하신 신이라는 사실을 믿는 자들에게 영을 부어 주셔서 "너희의 자녀들은 예언을 하고, 노인들은 꿈을 꾸고, 젊은이들은 환상을 볼 것이다"라고 말씀하셨다. 그러므로 나도 내가 사는 동안 어머니처럼 꿈을 꾸며 살고 싶다.